ポイントアドバイス

# 学級づくりのきほん☆

相原貴史・梅津健志
笹間ひろみ・中川恵子

学陽書房

## 本書を手にしたみなさまへ

この本が産声をあげる平成19年。

時は、教育改革の真っ直中。学校現場には、新しいものが次から次へと投入され、保護者や地域から学校に対する要求は日に日に増大しています。そんな中で、先生は必死に子どもたちへの実践を工夫しています。

ちょっと立ち止まってイメージしてください。

日々の教育活動は、大きく変えなければいけないことばかりではありません。

今までの教室で常識になっていることや、そういうものだと思って済ませていたことを、少し変えるだけで、子どもたちの目の輝きが変わることがたくさんありますよ。

子どもの側に立って、生活や授業を見たことはありますか？子どもたちは本心から「わかった」「よかった」と思えていないのに、そう答えていることが、たくさんあります。どうしたら本当の「わかった」になると思いますか？

そんな身近な改善点に気づくだけで、子どもたちとの魅力ある学級づくりが進められるのです。

『ポイントアドバイス　学級づくりのきほん』という書名に込めた私たちの願いは二つです。

「今をちょっと見直してみてください」

「子どもを変えたい時は、自分を変えてみる時ですよ」

この二つが、学級づくりの大きな力を生み出します。

それは、教育改革に向かっての大きな力ともなるはずです。

年々指導が難しくなる子どもたち。子どもたちが変わったことも事実です。でも、子どもたちの純真な心はいつの時代も変わらず、輝く瞳は未来を見つめています。

この本は、私たちが日々学級で見てきた、体験してきたことを元に、本当に子どもに響くポイントに絞ってまとめました。

さまざまなシーンのイラストに出てくる子どもたち。ご自分の学級の子どもの顔を思い浮かべて、イメージを膨らませながら読んでみてください。学級づくりのイメージトレーニングができると思いますよ。

末筆になりますが、本書の企画に際し、率直な実践上の悩みを教えてくださった、東京、千葉の若い先生方、原稿執筆に多大なるアドバイスをくださった、千葉県野田市教育委員会の桑原辰夫氏、そして、企画編集にご尽力いただいた学陽書房良知令子氏に厚くお礼申し上げます。

さあ、みなさん、学級づくりの扉をひとつ開けましょう。

平成19年２月

執筆者代表　**梅津　健志**

# 本書に登場する先生たち

ここは、どこにでもあるフツーの小学校。学校では、毎日にはいろんなことが起こります。この小学校に、新米教師としてA先生、B先生が赴任してきました。４年生の担任になりました。これからの子どもたちとの学校生活を思い描き、ふたりは期待に胸ふくらませているものの、まだまだわからないこともいっぱいあって……。

## もくじ ●ポイントアドバイス 学級づくりのきほん

# Ⅱ 保護者対応編

## Ⅲ 授業編

# I 日常編

キンコン・カンコーン・・・・・チャイムとともに時間割にそって流れる1日は、毎日の繰り返し。でも、ちょっと新鮮な気持ちで教室の扉を開けてみませんか。子どもたちの意外な顔と出会えるかもしれません。同じような日常だからこそ、違う角度から、自分の学級を見つめてみませんか。子どもたちにかける一言が変わるだけで、生き生きとした表情や主体的に動く姿に出会えることが、学級づくりのドラマです。

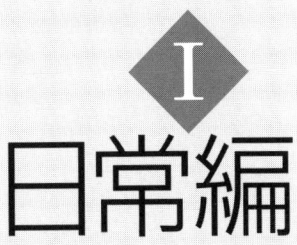

# 1 あいさつの意義

**登校時、子どもたちはさまざまな表情でやってきます。あいさつをきっかけに爽やかな１日のスタートを切れるようにしたい、とは誰もが願うことですが・・・。**

## ●あいさつって、声さえ聞こえればいいの？

1

あいさつ週間です。先生は校門で子どもたちのあいさつのようすを観察しています。

2

無言で校門の前を通り過ぎようとした子どもがいたので、見とがめました。

3

子どもは無言のまま、顔色もあまりよくないようです。先生は、無言でいる子に、少し厳しく指導をします。

4

あいさつのできなかった子へはきちんと指導をし、返事もさせました。そのようすを校長先生がじっと見つめていました。

あいさつにはいろいろな目的があるのですよ。決められた言葉のやりとりだけでなく、子どものようすを観察する絶好の機会でもあるのです。

1

第1に、あいさつは子どもの声や態度などから健康状態やようすを観察するいい機会になります。

2

第2に、まず、声を出してみること。最初は形から入っても、毎日の習慣として身についてくると、気持ちよいものになります。

3

あいさつができていると思った子でも、場所、時が変わるとあいさつしていないこともあります。

4

たしかに形式的なあいさつもありますが、それができれば、さらに成長できる要素があるはずです。

5

先生も、子どもからあいさつをするのを待っていませんか。進んで声をかけて反応をみてあげましょう。

**あいさつは、豊かな人間関係を築くための基本です。**
**たとえば、「ありがとう」「ごめんね」の一言が**
**あるかないかで、相手の印象もずいぶん変わってきます。**

# How?

## ◎ありがちなのは・・・

あいさつは、子どもたちからするものだと思っていませんか。そして子どもからのあいさつを待っていませんか。また、あいさつの言葉を発させることにだけ注意が向いていませんか。あいさつの声が聞こえないとき、声の調子など、子どもたちのあいさつからその子のようすを見てとることもできるのです。

## ◎見過ごしがちな点は・・・

「あいさつ運動」の時に声が出ていると、それで安心してしまうことはありませんか。しかし、その場だけ、形だけでなく習慣化できることが大切です。継続的に教師の方から声をかけることで習慣化していくことも心がけて。とくに登下校時は、子どもたちを見守ってくれる地域の方が多いことにも留意しましょう。

## ◎どうすればよいか・・・

まずはあいさつを交わす心地よさを感じさせたいものです。最初は形式的なあいさつであっても、ほめましょう。その後、本当に心からあいさつをしている子を見つけて皆の前で紹介し、ほめてあげましょう。子どもたちは、そういった指導を通じて本当のあいさつを学んでいくでしょう。

Point
ポイント



1
## あいさつのよさを感じさせよう
（あいさつすると気持ちがよい）。

2
## 根気強く、継続的な取り組みをしよう。

3
## 先生から進んで声をかけよう。

4
## あいさつから、子どもの心身の状態をつかもう（定点観測）。

ちょっとした心配りや一言のあいさつが
人間関係を豊かにします。
あいさつによって心を育てたいですね。

2

# 朝つかむ 子どもの状態

**朝の呼名と健康観察。毎日のことだと慣れもあって、つい子どもたち任せにしていないでしょうか。このわずかな時間、じつは大切な時間なのです。**

## ●出席確認？　健康観察？

1

朝の会。子どもたち同士で呼名をし、先生は事務仕事を。みんなの顔を見ていないため、顔色の悪い子に気付きません。

2

体育のため校庭に来ています。みんなと一緒にいるけれど体調の悪い子は、つらそうです。

3

顔色が悪く、いつものように元気に走っていない子のようすに、友だちが気付きました。

4

体育が終わり、先生は保健室へようすを見に来ました。保健の先生からようすを聞き、反省。

出席のときは「元気です」って言っちゃったけど、
本当はちょっと気持ち悪かったんですね。

1

先生自身が子どもたちの顔を見て、しっかりと健康観察を行っています。

2

体調があまりよくない子がいました。先生はその子のようすをきちんと観察しています。

3

その子の状態を見ながら、必要に応じて子どもから声をかけやすいように、きっかけをつくっておきます。

4

前日お休みした子には必ず声をかけています。

5

子どものちょっとした変化をとらえ声をかけると、それ以外にもよい効果が得られます。

**「健康観察」は朝のわずかな時間ですが、呼名で子どもたちの健康状態を把握するとともに、ちょっとしたコミュニケーションをとる機会にもなります。**

# How?

## ◎ありがちなのは・・・

健康観察の際、子どもたちの名前をただ何となく呼んでいないでしょうか。子どもたちも、「元気です」が決まり文句になっていて、本当は体調が優れないときでも、その言葉だけで返事をしてしまうことがよくあります。その子のようすを見ずに言葉だけで判断するのでは、見逃してしまうこともあるのです。

## ◎見過ごしがちな点は・・・

忙しいから、とか、子どもたちの自主的な活動にしているから、といって朝の呼名を子どもたちに任せっぱなしにしていませんか。それは、一人ひとりの声や顔色を感じ取る機会を逃すことになるかもしれません。担任が呼名することで得られる情報は、たくさんあります。声の調子や表情などから、体調、家庭の状況なども察せられるでしょう。

## ◎どうすればよいか・・・

大切な子どもたちを預かっている大人としての責任は重大。体調管理や安全を確保することは当然のことです。しっかりと子どもたちの顔を見て、目と目を合わせて。微妙な変化に気づけるようにしたいものです。

※特に水泳や持久走の学習時は、生命に関わってくるので、慎重に行いましょう。

# Point ポイント



1

**朝の呼名は全員の名前を呼べる貴重な時間。**

2

**一人ひとり、目と目を合わせて。**

3

**子どもたちの声や表情から、微妙な変化をつかめるように心がけて。**

4

**ちょっとした声かけが子どもたちの励みに。**

子どもの心身は毎日変化するもの。
担任の直接の声かけと健康観察が大切です。
ポイントは「気負わない自然な声かけ」です。

3

# 休み時間の過ごし方

**休み時間の取り組みは、学級経営にプラスにもマイナスにも働きます。子どもたちだけでなく先生も、この時間、どんなふうに過ごしているでしょうか。**

## ●休み時間、教室がカラになれば元気なクラス？

1

授業が終わり、楽しい休み時間になりました。

2

子どもたちが楽しそうに遊んでいるのを見て、先生は安心。この休み時間をつかってひと仕事できそうです。

3

先生は休み時間を有効に活用しているようです。とても貴重な時間を使えて満足です。

4

教室へ戻る途中、くつ箱のところにいる子を発見。たずねると、チョット暗い感じで答えます。

みんなはドッジボールが好きみたいだけど、私は読書してるほうが楽しいのよね。先生は気づいてくれるかな。

## 1

休み時間、子どもたちのようすを見てみましょう。
まず外に出てみます。外に出ていても、一人で遊んでいる子がいることもあります。

## 2

外で元気に遊ぶことは大切です。ただ、本を読んでいたいなどの子もいます。外遊びだけを強要しないようにしましょう。

## 3

先生と一緒に遊んだ時間は、楽しい経験となり、みんなで遊ぶきっかけとなります。また、子どもたちの人間関係を把握することもできます。

## 4

クラスみんなで遊ぶ日を計画してもよいでしょう（遊びの内容は、先生がリードして決めてもよい）。

## 5

子どもたちのようすをとらえるには、時にアンケートも有効です。

※「いじめ」の発見、防止にもつながります。

**学習と休み時間のメリハリをつけることは、次の活動への意欲にもつながります。その過ごし方にはしっかりと着目していたいものです。**

# How?

## ◎ありがちなのは・・・

休み時間は、授業の合間に先生もほっとできる一時かもしれません。しかし、子どもたちに任せっ放しにするのは要注意です。みんながいっせいに外に出て、汗をかいて戻ってくれば安心、と思っていませんか。一人で過ごしたい子がいても、事情も聞かずみんなと同じように外へ出ることを強要したりしていないでしょうか。

## ◎見過ごしがちな点は・・・

一人ひとりのようすにしっかりと着目していますか？　たとえば一人で読書をしている子どもの場合、読書が好きで一人なのか、友だちの輪に入れないからなのかを把握し、もし後者なら手立てを講じましょう。全員遊びの場合も、友だちに対して、威圧的な物言いをしている子はいないか、など、観察できることはたくさんあるのです。

## ◎どうすればよいか・・・

休み時間は子どもたちの交遊関係をつかめる機会。スケジュールを上手に調整しながら、子どもたちのようすを見たり、一緒に遊んだりする時間をつくりましょう。ときにはアンケートも有効です。寂しい思いをしている子はいないか、大好きな遊びを我慢している子はいないかなど、多面的に子どもたちを理解していきましょう。

# Point
ポイント



1

**休み時間、一人ひとりの過ごし方を観察しよう。**

2

**全員遊びの場合も、人間関係に配慮しよう。**

3

**仲間のつながりを広げたり深めたりする時間にしよう。**

4

**学級の文化を豊かにする工夫をしよう。**

休み時間を、友だちとのかかわりのよさを感じられる時間にしましょう。

# 4 体と心を養う給食

**食事の前の手洗い・配膳・食事・片付け・・・。給食の流れは決められたとおりに流れていきます。でも、どのように行われているかちゃんと把握できていますか。**

## ●給食は「自由」で楽しい時間？

1

給食の時間、子どもたちは楽しそうにそれぞれ準備をしています。

2

しかし、給食当番の子のなかにはのんびりしたくをしている子もいて、配膳係が揃いません。

3

なかには、おかずの分量を減らしてもらおうとする子もいます。自由に好きなだけ食べられるようです。

4

黙って待っている子、遊んでいる子、食べ始めてしまう子など、みんな思い思いのことをしてバラバラです。

みんなが楽しく食べられるよう、子どもたちの自由を尊重しているのに、どうしてこうなっちゃうのかな？

1

給食指導には、子どもたちの心を育てるたくさんの要素があるのです。

2

①協力して準備すること。自分ができることに手を貸す気配り。先生は全体をきちんと把握しましょう。

3

②みんなで食事できる楽しさを味わうこと。

※先生もなるべく子どもたちの輪の中に入って食べましょう。

4

③バランスのよい食事を心がけることを伝えること。

※成長過程にある子どもたちにとって、毎日の食事はとても大切です。

5

④苦手なものに挑戦している子を認め、励ますことも忘れずに。

**配膳や片付けは、みんなで「協力する」ことを経験する大切な場。子どもたちだけで準備できるようになっていても、そのようすはしっかりと見ておくことが大切です。**

# How?

## ◎ありがちなのは・・・

給食は楽しい時間だからと、子どもたちの「自由」に任せるままにしていませんか。当番の仕事にとりかかるのに個人差があり、準備がスムーズに進まなかったり、自分の分だけ配膳したら終わりと、みんなの準備に協力しない子がいたり、全員の給食が用意されていないのに食べ始めてしまうなどといった状況はありませんか。

## ◎見過ごしがちな点は・・・

事務仕事などをしていて先生が目を配っていないために、気づいていないことがあるのかもしれません。決めた通りに準備をしているように見えても、じつはバラバラだったり、食に対する指導がないために、嫌いなものはすぐに残してしまう、という習慣がついていたり…。そんな状況も先生の働きかけひとつで変わってくるはずです。

## ◎どうすればよいか・・・

みんなで協力して準備することや楽しく食事すること、感謝の気持ちをもってきれいに片付けることなど、心も育てるための指導も大切です。また、好き嫌いや食べられる量などを把握しながら、「ひと口食べてごらん」といった声をかけるなど、バランスのよい食事を心がけるように、根気強い指導も必要です。

# Point ポイント

1
## クラスで協力できる大事な場面であることを教えよう。

2
## 会食の楽しさを味わえるようにしよう。

3
## 苦手な食べ物にもチャレンジできるような工夫を。

4
## 作ってくれた人の気持ちも考えて、気持ちよく片づけを。

5
## 時には食品の栄養の話などにもふれよう。

みんなで準備をし、作ってくれた人の
気持ちに思いを馳せ、
「心も育てる」時間にしましょう。

# 5 みんなで取り組むそうじ

**そうじがうまくできないのは、実は具体的なやり方がわからないからかもしれません。指示だけでなく、その後を評価してあげているでしょうか。**

## ●「そこ、きれいにしておいてね」で、できるかな？

1

そうじの時間なのに、遊んでいる子がいます。そうじしているようでも、ポーズだけの子も。

2

そうじに取り組んでいない、何をしたらいいのかわからない子には、「そこ、きれいにしておいてね」と声をかけています。

3

教室を覗いたら、ちゃんとそうじをしているように見えたので、ひと安心。

4

ちゃんと言ったのに、実際そうじをしていた子もいたのに、きれいになっていません。先生はつい、怒りの一言を！

どうしてそうじがスムーズに進まないのかしら･･･。
どんな指導をすればいいのかな？

## 1

視点①
手順を教えていますか？

## 2

視点②
道具（ほうき・雑巾の絞り方など）の使い方を具体的な方法や姿を示して指導していますか？

## 3

視点③
上手にそうじできている子を手本としてほめていますか？

## 4

視点④
いつも同じ清掃場所ばかりになっていませんか？　場に応じたそうじのしかたを学ばせる必要はありませんか？

## 5

視点⑤
物（個人・公共物）の大切さを伝えていますか？　ごみを増やさない工夫に気付かせていますか？

**子どもたちがそうじに取り組まないのは、**
**実はやり方がわからないからかもしれません。**
**具体的な指示を出すこと、**
**その後で評価してあげることが大切です。**

# How?

## ◎ありがちなのは・・・

そうじの指導をしているつもりでも、「そこをきれいにしておいてね」などの言葉だけで、あとのフォローを怠っていませんか。また、いつも決まったそうじ場所に固定してしまっていませんか。どの子にもいろいろな場所のそうじ方法を学ばせる必要はありませんか。

## ◎見過ごしがちな点は・・・

子どもたちに対して指示だけでなく、評価もしてあげているでしょうか。「ここが汚い」という所は目に付きやすく、どうしてもそちらばかりに気をとられがちですが、きれいにしてくれたことへの感謝を表したり、「きれいになったね」の一言を伝えることがそうじへの意欲につながるのです。

## ◎どうすればよいか・・・

子どもたちは言葉だけでは理解できない点も多いものです。先生が具体的な手本を示しながら指導することが大切です。そして、子どもたちの取り組みをきちんと評価してあげましょう。なぜそうじをするのか、子どもたちに考えさせることも必要です。みんなでそうじをして、きれいになっていくよさを伝えましょう。

# Point ポイント



1
## そうじの具体的な手順を教えよう。

2
## 言葉だけでなく、先生が実際に手本を示そう。

3
## 子どもたちの取り組みを評価しよう。

4
## 物の大切さを伝えよう。

5
## みんなで協力するよさを感じさせよう。

日頃から整頓を心がけたり、教室をきれいに使ったりという意識も育てましょう。

# 6 席替えの効果

子どもたちにとってどきどき・わくわくの席替え。どんな目的で、どんな方法で席替えをしていますか。「ただなんとなく」の定例行事になってはいませんか？

## ●席替えも自主性に任せて・・・でいいの？

1

席替えに、子どもたちはどきどきわくわく、興奮気味です。どうやって決めるか、誰と一緒になるかで、大騒ぎです。

2

今度の席順について、先生は、決め方を子どもたちに投げかけることにしました。

3

子どもたちがいくつか意見を出してくれたので、多数決で決めています。

4

2人組を作るのに、言い合いがはじまったり、一人ぼっちになったり。席に着いた結果、背の高い子が低い子の前になってしまいました。

こんな決め方でペアが見つけられなかったら、一人ぼっちになっちゃうよー。黒板が見えづらくなってもいやだな。

1

席替えは、ただの気分転換ではありません。

2

定期的に席の位置を替えることで、新たに学習に集中できる、より多くの子と協力できるなど、効果はたくさんあるのです。

3

①集中できること、協力して学習できることなど、目的に合った席の決め方を考えましょう。

4

②先生にとっては、子どもたちの人間関係をとらえるいい機会です。

5

③新しい人間関係が作り出され、知らなかった友だちのよさを感じられます。みんなで考えた成果を味わわせたいですね。

**席替えは、人間関係の再構築の場。**
**席替えをきっかけに学習面の効果を高め、**
**新しい友だち関係づくりが図れることでしょう。**

# How?

## ◎ありがちなのは・・・

学期が変わったときなど、ただ何となく気分転換のために席替えをしていませんか。学級活動で席の決め方だけを話し合っていませんか。席替えからは人間関係が見えてきます。仲間外れはないか、力の上下関係で動いていないかなど、気をつけてみてみましょう。

## ◎見過ごしがちな点は・・・

席の決め方を子どもだけに任せることは注意したいものです。どんな目的で席替えを行うのかを意識して、方法を選択しましょう。子どもたちにも目的を伝え、学年や発達段階に合わせて、一緒に決め方を考えていけるといいですね。

## ◎どうすればよいか・・・

先生がきちんと目的や方法をおさえましょう（学習面での効果をねらう、グループの力を高める、新しい人間関係をつくる、など）。身体上の配慮が必要な子（身長・視力・聴力等）や声をかけていきたい子などのことも踏まえましょう。学習面での教え合い、作業での協力など、グループ一人ひとりの役割を認識させたり互いへの思いやりの心を育てたりできる工夫が大切です。

# Point

ポイント

1
## 席替えは、目的や方法を明確に。

2
## 席替えから見えてきた人間関係をプラスに生かして。

3
## 年間を通して、いろいろな友だちとのかかわりがもてるように。

4
## 小集団のまとまりが、全体のまとまりになるように。

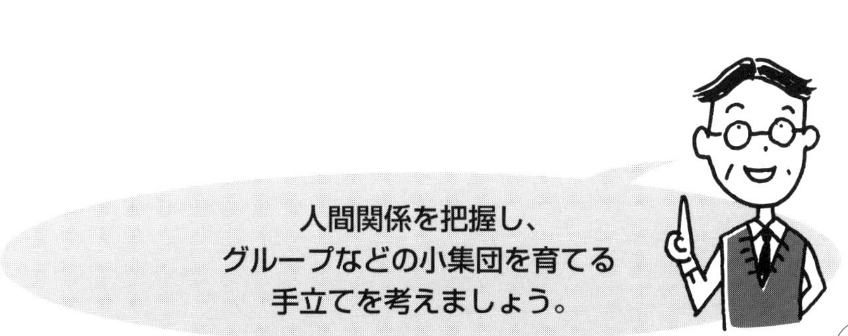
人間関係を把握し、
グループなどの小集団を育てる
手立てを考えましょう。

# 7 クリエイティブな係活動

**教室に掲示されている「○○係」。よく見てみると「黒板係」のように、当番活動？　それとも係活動？　と迷ってしまうものがありませんか。**

## ●決められた仕事が係活動？

1

「黒板係」に「整とん係」。子どもたちは毎日決まった仕事を、指摘されながら行っています。

2

のんびり遊んでいる「新聞係」の子。係として役割は分担されているのに、実際の活動は進まず、新聞の発行が不定期になっています。

3

「配り係」。ノートを配るだけのことが係の仕事になっていますが、ひとりではこなせず、だれの仕事なのか、曖昧になってしまいました。

4

「当番」と「係」。仕事の違いや役割があやふやになっています。子どもたちが意欲的に取り組もうとする姿も見られません。

いろんな係について、子どもたちはちゃんと活動しているからといって、それですませていないかな？

1

「当番」はどうしても必要な仕事を行う活動。「係」は学級目標の実現に向けて行う、子どもたちの自主的な活動です。

2

視点を変えると、新たに子どもたちのやる気や創造性を吹き込むことのできる場面がたくさんあることに気付きます。

3

係は、クラスをよりよくするために活動する組織であることを伝えると、子どもたちも創意工夫のある活動を考えるでしょう。

4

係の名前の付け方も工夫します。みんなの意見や希望を反映した話し合いが、実際の活動に結びつくといいですね。

5

役割と責任を預けてみると、子どもたちなりに考えた活動を提案してきます。活動する時間や場所も明確にすることも大切でしょう。

**学年の発達段階にもよりますが、**
**「当番活動」と「係活動」はその働きの違いを感じて、**
**区別する方がよいでしょう。**
**「係活動」で、きっと学級が活性化します。**

# How?

## ◎ありがちなのは・・・

「当番活動」と「係活動」が混在して設定されていることが多く見られます。また、同じ係を受け持つ期間が長くなると、仕事が単調になって、「係活動」が停滞しがちになることもあります。

## ◎見過ごしがちな点は・・・

「係活動」で、それぞれの人数を限定していないでしょうか。まずはなるべく、本人たちの希望を優先させましょう。また、年間係メンバーの名前は、ただ掲示物として貼っておくのではなく、実のある活動へつなげましょう。

## ◎どうすればよいか・・・

基本的には「当番」は、学級でどうしても必要な仕事を行う活動。「係」は、学級目標の実現に向けて行う、子どもたちの自主的な活動で、学級生活に楽しさや潤いをもたらすものと考えます。先生はただ指示を出すのではなく、計画―活動―反省のプロセスを経て、自分たちで動けるような働きかけを工夫したいものです。

# Point

ポイント

①

## 「係活動」と「当番活動」役割の区別を。

②

## 「係活動」は子どもたちの意欲や発想を大切に。

③

## 活動の「計画ー実行ー次につなげた評価」を。

④

## 友だちとの意見の交流も取り入れ、動いた活動に。

できなかったことばかりでなく、
よかったことに気づかせると、
次への励みになります。

# 8 親しさと指導のけじめ

子どもたちは、体を動かしていっぱい遊んでくれる先生、話を聞いてくれる先生に親近感をいだきます。と同時に、「先生と子ども」にはけじめや距離が必要な場合もあります。

## ●子どもとなかよし、それだけでいい?

1

いつも優しく遊んでくれる先生はみんなに大人気。子どもたちは今日も先生のそばにくっついて遊んでいます。

2

また、先生は子どもたちの話もよく聞いてくれます。芸能人の情報にも詳しく、休み時間にはその話題でも盛り上がります。

3

チャイムが鳴って授業が始まりました。教科書を開く先生。でも、子どもたちはまだ休み時間の気分が抜けていないようです。

4

いつも親しいだけに、授業だからと注意をしても、なかなか受け入れられないようです。

子どもたちがよく話してくれるのはいいけど、授業中までだらだらしている気する。どうしてそうなってしまうのかなぁ。

1

親しみやすい先生に子どもたちが心を開いているのはよいことです。でも「先生と子ども」としてのけじめは必要なのです。

2

実際に、休み時間に遊んであげたり話を聞いてあげたりしている先生の姿勢はよいのです。

3

言葉づかいがよくないときや、甘えすぎる態度などをきちんと注意できることも、先生の姿勢として大切です。

4

子どもの理解に努める姿勢を失わず、適切なときにきちんと指導できることが、子どもたちや保護者からの信頼感につながります。

5

子どもたちとたくさん接しながら、「先生と子ども」のちょうどよい距離感や感覚をつかんでいきましょう。

**子どもたちが安心して、心を開く先生の存在は大切ですが、「先生と子ども」として、けじめをつけるという社会性をきちんと身につけさせることも必要です。**

# How?

## ◎ありがちなのは・・・

子どもたちと親しく接することや、たくさんふれ合うことを大事にするあまり、友だちのような感覚が高じて節度がなくなってしまうことはありませんか。子どもに節度をもって接せられると、親しみをもっていないのではないかと不安になることはありませんか。

## ◎見過ごしがちな点は・・・

子どもとの接し方にけじめがつけられないと、休み時間の感覚が授業の中に持ち込まれ、めりはりのある授業が展開しにくくなってしまいます。先生自身が、休み時間と授業中の言葉づかいを分けていますか。先生に対する言葉づかいについて注意していますか。また、他の子から見て、先生の接し方が不公平に感じられるようなことはないでしょうか。

## ◎どうすればよいか・・・

子どもは「叱るべき時にはきちんと叱ってくれる先生」に信頼を寄せます。「先生と子ども」「大人と子ども」「授業と休み時間」など、けじめをつけるべき場面を区別し、子どもに適度な距離感を伝えましょう。曖昧になると、他の面へずるずると広がることもあります。同時に、子どもの文化や感覚を理解する力も磨いていきましょう。その時にしか経験できない貴重なふれ合いもあるはずです。

# Point ポイント

1

**親しき中にも、けじめあり。**

2

**授業中と休み時間の言葉は
先生自身も使い分けよう。**

3

**注意する観点を公平にしよう。**

4

**たくさんのふれ合いの中から
距離感をつかもう。**

5

**子どもを理解するために
いろいろなアンテナを張ろう。**

いつも先生が見守ってくれるという
安心感が、心の結びつきになります。

# 9 先生同士の連携・共通理解

指導にあたり、先生同士の連携がとれている場合とそうでない場合とでは、大きな違いが生じます。ときに子どもたちに混乱を招いてしまうことさえあります。

## ●自分の指導方針だけでいい？

1

習字の時間を終えた学級。この学級では、約束として墨を持ち帰ることになっています。

2

別の日、墨を流しに捨てている隣の学級の子が。隣の学級では、墨の片付け方の約束が違っているようです。

3

いけないと決められていたのに、隣りの学級の子がいいと言っていたので、こっそり墨を流した子。

4

流しそうじをしていた子が、墨の汚れに気付き、問題となりました。

ぼくのクラスでは墨を流してはいけないのに、
どうして隣のクラスはいいの？

1

学級担任同士、二人で話し合ったことによって、問題点に気付きました。

2

自分のクラスの立場からしか見られなかったことでも、他の先生との話し合いによって、多角的にとらえられる時がよくあります。

3

一つのことに取り組むとき、先生によって対応が異なると、子どもたちも戸惑ってしまいます。

4

また同じ場面ですが、隣の学級の先生も同じように注意しています。

5

共通認識をもってみんなの意識を同じ方向に向けることで、指導の効果も高まることでしょう。

**小さなことでも、先生同士の指導方針を理解し合い、学校全体で子どもたちの力を伸ばしていきたいものです。**

# How?

## ◎ありがちなのは･･･

大きな約束は学年で話し合っていても、細かいことになるとクラスで異なることがあります。クラス間に違いがあると、子どもたちは「えっ、どうして？　いいなあ」という思いを抱きます。廊下歩行の指導などでも、「あの先生は注意する」「あの先生は注意しないから走ってもいいや」と、子どもたちはその意義を理解するのではなく、先生の対応を判断して行動するようになります。また、楽な方に流されがちです。

## ◎見過ごしがちな点は･･･

その先生にとってはいいことであっても、対応がちぐはぐだと、全体としては混乱を招きます。指導の効果も期待できません。

## ◎どうすればよいか･･･

先生同士のコミュニケーションが大切です。個人の考えはありますが、学校は組織で動いています。みんなが同じ方向性を決めて指導することで、効果は高まるでしょう。また、先生によって問題意識も異なります。先生たちはそれぞれ多忙でしょうけれど、できるだけ話し合いの時間をとって、先を見通した対応を相互に確認しておきましょう。

# Point ポイント



1
## 先生同士、共通認識をもつことが大切。

2
## 細かいことでも、対応は足並みをそろえて。

3
## 「なぜそうするのか」というルールの意味も子どもたちに伝えて。

4
## 活動の先を見通して、早目の対応を。

少し時間を割いて、お互い疑問に思ったことを相互に確認することが、長い目で子どもたちのためになります。

10

# 忙しいときの思いつきの指示

一時的な思いつきで子どもたちに指示を出し、あとで後悔したことはありませんか。また、初めに出した指示を、途中で急に変えてしまったことはありませんか。

## ●あのとき、もうちょっと考えて指示すれば･･･。

1

図工の時間。一生懸命作品を作っている子がいます。細かい部分までよくできているのを見て、先生もその作品をほめています。

2

１週間後、作品が完成。持ち帰るまでどこにしまうべきか、質問された先生はその場の思いつきで答えました。

3

大きな作品を仕上げた子は後ろの棚へ。

4

自分の席に戻ろうとした子が、他の子の作品が入っているとも知らず、手さげ袋に足を引っ掛けてしまいました。

せっかく作ったのに･･･。ぐちゃぐちゃになっちゃった。
もう直らないよ！

1

先生の指導が異なっていたら、こんなことにはならなかったかも。

2

子どもたちのいろいろな動きを予想しておくと、対応策もその場しのぎでなくなります。

3

時間や気持ちにゆとりがなくなると、思いつきの指示を出してしまいがちです。

4

全員にしっかり指示が浸透したか、確認しながら説明します。個による違いにも対応した説明をします。

5

先生の意識が変わると、子どもたちの意識も変わってきます。

**子どもたちの行動を予想して、指示を出しましょう。指示やルールが場当たり的になったり、子どもによって変わったりすることのないようにしましょう。**

# How?

## ◎ありがちなのは・・・

忙しいことから、先の状況を見通さず、つい一時的な判断で指示を出してしまうことは、ありませんか。子どもの方から質問が出され、場当たり的に答えていませんか。一人ひとりへの指示が変わってしまうことはありませんか。

## ◎見過ごしがちな点は・・・

先生の指示が不十分だったために、子ども同士に不愉快な思いをさせるようなことは避けたいものです。個への指示も変わってしまうと、一人ひとりの行動がばらばらになります。また、家庭から物を持参させる場合や、各自で保管させる場合も、一人ひとりがどのようにしているのか、先生は配慮する必要があります。

## ◎どうすればよいか・・・

「導入・準備⇒活動⇒後片付け」という一連の流れを予想した指示を出すことが必要です。「こうすると、こうなるだろう」ということを予想して、指示を出しましょう。また、指示は全員に徹底して。時間がないと、つい説明や作業が簡単になり、その時になってどうしようかと慌てて指示しがちです。ゆとりをもって、先を見通した活動ができるように考えましょう。

# Point ポイント



1
**先を見通して指示を出そう。**

2
**その時の都合で手を抜いたり、ルールを変えたりしない。**

3
**子どもたちに任せた後も、活動のようすは把握しよう。**

4
**子どもたちに、活動全体の見通しをもたせよう。**

子どもに出す指示を考えると同時に、どういう活動の姿になるのか、予想しよう。

# Ⅱ 保護者対応編

「保護者は苦手」という声をよく耳にします。たしかに、いろいろなタイプの保護者がいて、担任に対する要求もさまざまです。「いちいち聞いていられない…」というのが本音かもしれません。でもちょっと考えてみてください。保護者を味方にして、協力して子どもを育てることができたなら…こんなに心強いことはありません。子どもの成長を願う気持ちは同じ。ちょっとした気持ちの持ち方、言葉のかけ方で、保護者とのよりよい関係を築いていきましょう。

1

# 参加したくなる保護者会

**話したいことは山ほどあるはず。それなのに、集まるのはいつも同じような顔ぶれ、せっかくテーマを募っても漠然として…。保護者が求めていることには応えているでしょうか。**

## ●伝わっているのかな、担任の思い。

1

宿題、忘れ物、言葉づかい、落とし物…保護者会で話さなきゃならない内容を思い描くと憂鬱になってしまいます。

2

話したいことは山ほどあるのだけれど、一方通行って感じだし…。

3

あれこれ考えて、テーマを決めても、本当に話し合いたいことはこれ？って感じだし…。

4

いつも同じような顔ぶれで、話を聞いてほしい保護者は来ないし…。

お決まりのパターンに限らずに、もっといろいろなやり方を試してみるとよいですね。

1

話し合いではグループをつくるなど、人数が少ないと盛り上がってきますね。

2

お母さんたち同士がなかよくなることで、全体の雰囲気がよくなり、話が盛り上ります。

3

写真やビデオも効果的。活動のようすが伝わってきます。

4

学力に関心が高い保護者もいるはずです。

5

いろいろなアイデアが浮かんできたようですね。

**学習のこと、生活のこと、友だち関係のこと・・・。保護者同士が打ち解け、本音で語り合える、「参加してよかった」「この次も参加したい」と思えるような保護者会を工夫してみましょう。**

# How?

## ◎ありがちなのは・・・

４月の学級開きの時には、たくさんの参加者がいたはずなのに、２学期になると、いつものメンバーしか参加しない。伝えたいことをたくさん用意して臨んだのに、一方通行のような感じ。一番伝えたい保護者は姿を見せず、テーマを募って決めても、何となく盛り上がらない・・・。これでは、魅力ある保護者会とはいえません。

## ◎見過ごしがちな点は・・・

保護者は大変正直で、これといった魅力のない保護者会には見向きもしない人が大多数でしょう。いくら担任が話したいことがたくさんあったとしても、それだけではなかなか参加してもらえません。そこで、テーマを設定するなど工夫しますが、本当に保護者が求めているものなのか、よく考えて選ぶ必要があります。

## ◎どうすればよいか・・・

ふだんから情報収集に努め、保護者がどんなことを求めているかを考えて保護者会の内容に生かします。保護者が知りたいことは、まず子どもたちの学校での活動のようすです。ビデオや写真、プロジェクタ等を使って紹介するのもよい方法です。その中に、協力してほしいことなどを織り交ぜながら話すと効果的です。

# Point

ポイント

1

## 本音で話せる温かい雰囲気を。

2

## 本当に話し合いたい<br>テーマを設定しよう。

3

## 注文ばかりは反感のもと。

4

## 子どものようすを<br>効果的に知らせよう。

5

## 活動のようすがわかる教室環境を。

学校と家庭とが互いに協力して
子どもを育てるという気持ちで、
よりよい信頼関係を築いていきましょう。

# 2 いきいき楽しい授業参観

できるだけ多くの子に活躍を、と保護者を意識したはずが、いつの間にか子どもたちが考える場面のない深まりのない授業にしてしまっていませんか。

## ●マンネリ発表授業に保護者の反応は？

明日の授業は
算数だけど
………
う〜〜ん
前回
社会科の
グループごとの
発表
前々回
国語で
一人ずつ
自作の詩を
発表
したっけ…
ポチの
ぼうけん
!!!
そして当日
ハイハイ
ハイ!
長方形の面積の公式は?

1

参観日の授業案を考えるとき、どんなところをポイントにしますか？

2

班ごとに発表させるスタイルは、授業参観によくある発表会形式の授業です。

3

一人ずつ作品を発表する･･･。これもまたよくあるパターンです。

4

参観日当日。一見にぎやかに元気な授業ですが、参観に来た保護者は、ちょっと飽き飽きしているようです。

みんな元気に発表しているのに、お母さんたちはつまらなそう。何がいけなかったのかなあ･･･？

1

みんなが発表する、元気に活動している授業。しかし、保護者が求める授業参観ってそれだけでしょうか？

2

子どもたちの一番いい姿を見てもらおうと考えてみましょう。いろんな授業のイメージがわいてきます。

3

深く考えたり、意見を伝え合ったりすることで学ぶ喜びを感じられるような授業。

4

一斉授業、グループ学習、個別に考える学習、いろいろな場面を取り入れましょう。

5

コンピュータや図書室を使った授業、保護者参加型の授業なども工夫してみましょう。

**子どもたちがいきいきと考え、活動する楽しい授業を行い、保護者との信頼関係を深めましょう。**
**また、保護者の視線は授業内容以外にも向けられていることにも留意しましょう。**

# How?

## ◎ありがちなのは・・・

より多くの子どもに発表させたい、子どもの活躍の場を見せたいという思いが先行し、全員が発表することに主眼をおいたり、グループごとに順番に発表したりという、内容に深まりのない授業を展開してしまうことがあります。発表型の授業は、わが子の発表以外は退屈なものです。

## ◎見過ごしがちな点は・・・

保護者が注目するのはもちろんわが子ですが、そればかりではありません。子どもの学力、人間関係、担任の力量などにも大きく注目しています。たった１時間の授業からふだんの授業を想像されるわけです。授業内容、子どもの活動、教室環境、そして自分自身の服装や態度など、チェックポイントはいたるところに。

## ◎どうすればよいか・・・

たくさんの子どもに活躍の場を作ることも大切ですが、じっと考える場面、わかったと目を輝かせるような場面こそ必要です。先生の言葉づかいや板書も注目されています。清潔感のある身なり、正しい言葉づかい等にも注意をはらいましょう。１年間を見通して、さまざまな教科、活動を組みこんでいくことも大切です。

# Point
ポイント

1
## 授業のねらいを明確に打ち出そう。

2
## 授業の中に考えを深める場面を。

3
## その中で、子どもの活躍が見える場面を。

4
## 担任の服装、言葉づかい、板書の字なども要チェック。

5
## 教室環境や掲示物にも配慮を忘れずに。

授業の腕を磨いて、保護者にも「楽しそう！」と感じてもらえる授業参観を！

# 3 家庭訪問で押さえるべきこと

時間、服装、茶菓を勧められたとき…。家庭訪問では気を遣うことが多いものです。教師は非常識なんて思われないように気を付けて。しかし、押さえるべきポイントはほかにもあります。

## ●緊張するのもわかるけど、目的は？

1

ずいぶんあわてていますね。初めて1対1で話をする保護者もいるはずです。こんな調子で大丈夫でしょうか。

2

車もいいのですが、学区内をとばしてきたのですか？

3

玄関前で立ち話。保護者が家のなかへと招き入れてくれたのに、このかたくなさは、どうでしょう。

4

たしかにまだよく把握できていないのかもしれませんが、こんなにきっぱり言われると、ちょっと寂しいですよね。

5

この手のNGは、許されません。子どもたちの家族構成を把握しておくのはキホンです。

6

保護者が話題を変えてくれました。しかし、いいんですか？　そんな簡単に返事をして･･･。

7

予定時間になったので、退席。しかし、見送る保護者は不満そうです。何かひとつでも学校でのようすを伝えられるといいのですが。

8

職員室に戻り確認したところ、保護者に間違った情報を伝えたことが判明。不明確なこと、学校全体にかかわることは即答しない。これは鉄則です。

家庭訪問の目的については、必ず資料があるはずです。事前の確認を忘れずに。

服装・髪型・時間等のマナー、通学路や遊び場の安全確認、話す内容の整理、家庭環境についての配慮･･･ポイントを確認しましょう。

**家庭訪問は、目的を意識して。**
**子どもの家庭のようすを知る、通学路や遊び場などの学区を知る、保護者とのコミュニケーション、どれも大切な目的です。**

# How?

## ◎ありがちなのは・・・

家庭訪問は、数日間のうちに学級の全家庭を訪問するため、スケジュール通りに回ることに気を遣い、一人ひとりの保護者と話をするという、担任としての本来の目的を忘れてしまいがちではありませんか。

## ◎見過ごしがちな点は・・・

初めてお話しする保護者が多いと思います。服装、髪型、言葉づかいの乱れは、印象を悪くするばかりか、信頼を失うことにつながりかねません。家庭訪問の目的に通学路や遊び場など、学区を知ることもあります。また、いくら担任としての期間が短くても、その子の学校でのようすを少しでも伝えられるようにしておくべきです。

## ◎どうすればよいか・・・

事前に目的や注意事項をよく読んで確認しておきます。時間に余裕をもって、地域にも目を向けましょう。あらかじめ伝えたいこと、聞きたいことを整理しておきます。家に上がるか玄関で済ますかは、時と場合によりますが、節度をもって。清潔感ある服装髪型、時間を守るなどは当然のことです。家庭のようすを知ることと、保護者との信頼関係を結ぶことが訪問の目的です。

# Point
ポイント

1

## 清潔感ある服装、髪型、言葉づかいを心がけて。

2

## 時間は、遅れても早すぎてもダメ。

3

## 通学路や遊び場など学区を知ろう。

4

## 学校全体にかかわることは後日確認してから答えること。

5

## 保護者とよりよいコミュニケーションを。

家庭訪問で、保護者とコミュニケーションをとり、信頼関係を深めましょう。

# 4 クレーム対応は早急に

**保護者からクレームが。「そんなつもりじゃないのに･･･」確かに反論したいこともあるでしょうが、でもちょっと落ち着いて、保護者の気持ちを考えてみましょう。**

## ●「そんなつもりじゃないのに･･･」反論が先？

1

保護者から電話で身に覚えのない苦情、よくあることですね。

2

子どもの指導だけでは、担任の思いが本人に伝わらないこともよくあります。

3

自分に非はないと強い口調で言う先生。しかしお母さんは納得できていないようす。なんだかかみ合っていません。

4

その子は、実はいじめに遭っていたようでした。保護者の声に耳を傾けることで、子どもに対しても注意の目が行き届くはずです。

その気持ちも分かるけど、電話してきたお母さんの気持ちをもう少し考えてみてはどうだろう･･･。

1

お互いに自分の主張ばかりでは、理解は得られません。保護者の気持ちに共感するところからスタートです。

2

心当たりがないときでも、「調べます」と答えることで、解決していこうとする、前向きさが伝わってきますね。

3

すぐに本人を呼んで話を聞いたり、必要に応じて、他の子どもの話を聞いたり、全体指導もします。

4

個人の訴えを発端に全体に話をする場合には、保護者の同意を得ておきましょう。

5

解決の有無に関わらず、対応した結果は逐次保護者に報告をしておきます。

**「事実を確認します」と約束しておきながら、つい後回しにしてしまうようなことはありませんか？保護者からのクレームには、早期対応、早期解決を心がけましょう。**

# How?

## ◎ありがちなのは・・・

身に覚えのないクレームをつけられたとき、思わず否定し、反論してしまいがちです。また、些細な内容で電話してきたように思われる時は、事実確認等をついつい後回しにしてしまいがちです。

## ◎見過ごしがちな点は・・・

保護者の言い分を頭ごなしに否定してはいけません。担任のところに相談にくるのはよっぽどのことです。担任を信頼し、助けを求めている保護者の気持ちを受けとめましょう。

## ◎どうすればよいか・・・

まず共感的に受け止めます。担任の先生がわかってくれたということで保護者は安心感をもちます。その上で、担任の意図や子どもの受け取り方の誤り、今後の解決策を示します。すぐに動くというのは大切なポイントです。また、同学年の先生や管理職への相談・報告も忘れずに行いましょう。

# Point
ポイント

1
## 保護者の気持ちに共感的理解を。

2
## 誠意をもった受け止めと報告を。

3
## 早期対応がキーポイント。

4
## 一人で抱え込まず、周りに相談を。

5
## これをきっかけに保護者と心を通わせることも。

保護者の声に素直に耳を傾ける、
謙虚な姿勢を忘れずに。

# 5 心をつなぐ連絡帳

**ふだんは子どもが明日の連絡を書くものですが、何かあった時、連絡帳は担任と保護者の心をつなぐ手段となります。いくら忙しくても、サインだけ、「わかりました」の一言だけは避けましょう。**

## ●連絡帳、確認サインはハンコでOK？

1

連絡帳対応、短時間でこなしたいと考えます。見たことを伝えるのには、ハンコ（認め印）が手軽で一番！

2

病気の時は、「お大事に」の一言を忘れないようにします。

3

欠席や体調不良の連絡が多いときなど、何人分もの対応をしなければならないときは、一層大変ですね。

4

「前の担任はもっとたくさんメッセージを書いてくれた」という子どもの声に、先生ははっと気づかされました。

連絡帳にはどんな返事を書けばいいのですか？
「わかりました」だけじゃだめですか？

1

風邪で体育を見学した子に、楽しみにしている社会科見学への言及。先生の思いやりが伝わってきます。

2

連絡帳に何か書いてくるという時は、何かがあった時。そういう時こそ、思いやりの一言が肝心なのです。

3

気張らずに、何気ない一言を付け加えてみましょう。

4

保護者は家庭から、学校での子どものようすを心配しているのですから。

5

ほんの一言で気持ちは通じることもあります。保護者へ気持ちを届けましょう。

**子どもの体調が悪い時など、**
**連絡帳に書き込まれた担任の心づかいが、**
**保護者からの信頼度をぐっとアップするのです。**

# How?

## ◎ありがちなのは・・・

欠席や体育の見学など、保護者は連絡帳で用件を伝えます。保護者の方も用件のみ、先生も忙しさのあまり「わかりました」の一言だったり、ハンコを押すだけだったり。それではなんだか寂しい人間関係です。

## ◎見過ごしがちな点は・・・

事務連絡だけでよいのでしょうか？　保護者と担任は、協力して子どもを育てていくもの、そのスタンスを忘れてはいけません。たとえ保護者がぶっきらぼうなメッセージしかくれなくても、こちらからはていねいな対応で思いやりを伝えましょう。

## ◎どうすればよいか・・・

体調が不十分な時、学校を欠席する時、子どもも親も不安な気持ちでいるはずです。担任のちょっとした配慮を、連絡帳の一言を通して伝えられるはずです。「元気に過ごしました。」「給食はいつも通り食べられました。」そんな一言で、無事に一日過ごしたようすが伝わり、保護者もほっとすることでしょう。

# Point ポイント

1

## 気張らずに何気ないようすを書き添えましょう。

2

## 赤ペンでのサインは厳禁、失礼ですよ。

3

## 連絡帳の向こうにいる保護者の顔を思い浮かべて。

4

## 欠席の時は、子どもからの連絡カードを添えましょう。



小さな心づかいが大切です。
その積み重ねが、担任と保護者の
よりよい関係を築きます。

# 6 子どもへ、家庭へのフォロー

今日、何人の子に声をかけましたか？　頑張っている姿を見過ごしていませんか？　叱った後のフォローはどんなふうにしましたか？　子どものトラブルは、家庭に知らせていますか？

## ●目の前の対応に追われ、ついそのままに･･･。

1

子どものケガ、学校ではよくあることです。先生はやさしく対応してあげます。

2

たいしたことはなく、ほっとしたところで、保護者には電話を入れようか、連絡帳に書こうか。連絡手段を考えないと……。

3

と、考えているそばから次から次に、いろいろなことが起こります。

4

あれこれと対応に追われた１日の最後は、充実感、満足感がありますね。でも、それでいいのかな……。

○○くんのケガはどうでしたか？
叱られた△△くんは元気なさそうに帰っていったけど･･･？

1

忙しいのはわかりますが、それはやっぱり言い訳になってしまいます。さあ、同じようなことが起こったら･･･。

2

たとえたいした事故でなくても、担任からのようすを伝える一言で保護者は安心します。

3

叱った子どもには明日の元気につながるようなフォローの一言を。

4

子どものよさを、あらゆる活動場面から見つけましょう。
「ありがとう」
この一言が子どもの励みになります。

5

一人ひとりの顔を思い浮かべてみると、確かに見逃している子もいたことに気づくでしょう。

**気負うことはありません、小さな声かけを数多く。**
**先生にとっては、たくさんの子どもたちですが、**
**子どもにとっては、たった一人の先生です。**

# How?

## ◎ありがちなのは・・・

子どもがケガをした時の電話、叱った子どもへのフォローの声かけ、気にはしているものの、会議や雑務に追われているうちに、ついうっかり忘れてしまうことは、結構あります。また、おとなしい子、目立たない子、特に問題のない子には、１日の中で１度も声をかけずに終わってしまうこともあるかもしれません。

## ◎見過ごしがちな点は・・・

「忙しい」を理由に一人ひとりに目を向けること、声をかけることを忘れてはいませんか？　先生にとっては何気ない一言でも、子どもにとってはうれしかったり、元気が出たり、の大きな一言です。家庭への連絡も同じ。ケガの原因はその子の不注意であったとしても、学校の管理下です。容態の確認とお詫びの電話は、すぐに。

## ◎どうすればよいか・・・

子どものケガは、たいしたことないと思っても、電話を入れるようにします。担任が心配の電話を入れることで、保護者の安心感につながります。また、子ども同士のトラブルやきつく叱った時などは、その日のうちに話をして、明日に引きずらないように。逆によい面を見かけた時には、その場ですぐにほめてあげましょう。

Point ポイント

1
## 子どもにも保護者にも、まめに一言を。

2
## 叱った後には救いのある一言を。

3
## その子なりの頑張りを認めてやる。

4
## 小さなことでも、とにかくほめよう。

声かけを意識することで、
子どもたちのいいところが見えてきます。
ほんのちょっとの一言が、
学級経営の大きな差につながります。

# 7 虐待への気づきの目

**児童虐待については、悲惨な事件が報道され、学校としてのしっかりとした対応が求められています。あれっ変だな、と思ったときの対処が大きな分かれ目になることも。**

## ●一人で悩んでいてもはじまらない。

1

何気ない日常の１コマ、でも担任だからこそわかることがあります。

2

家庭訪問時などに家庭のようすをつかんでおくことも、子どもを指導する上で大切です。

3

一人であれこれ思い悩んでみてもはじまりません。先輩の先生などに相談を。

4

身体的虐待、言葉での脅しなどの心理的虐待、性的虐待、親としての世話をしないネグレクト・・・。児童虐待の定義を知っておくことも大切です。

## 5

気づきのポイントをチェックしてみましょう。こういうことを知っておくと、子どもを見る上で役立ちます。

## 6

最近は子どもをめぐる家庭環境が複雑になってきています。保護者に関するチェックポイントにも配慮しましょう。

## 7

多くの目で見る、管理職に相談するといったことも、何かあった場合に備え、大切なことです。一人で抱え込んではいけないのですね。

## 8

疑わしいと思う時、家庭のことに立ち入っていけない時は、校長先生を通して、市役所や児童相談所に相談しましょう。

## 9

家庭についての問題は、学校がなかなか入りこんでいけない場合があります。
「報告、連絡、相談」を忘れずに！

**どんなところに気をつけて観察すればいいの…？**
**一人であれこれ考えていてはいけません、周りの先生に相談して手遅れを防ぎましょう。**

# How?

## ◎ありがちなのは・・・

もしかしたら・・・と思いながら確証が得られないまま、放置してしまう。自分の学級のことだから・・・と誰にも相談できずにいる。家庭のことだから担任が口を出していいものか・・・など、なかなか踏み込んでいけない面がありますね。

## ◎見過ごしがちな点は・・・

家庭のことだからと第三者である学校がなかなか入っていけない。ここが、児童虐待のポイントです。「何となく心配な感じがする」ではなく、具体的な例を挙げて判断します。保護者のようすを観察することも必要です。

## ◎どうすればよいか・・・

一人で悩まず、まず周囲の先生や管理職に相談をし、問題の児童をより多くの目で見ていきましょう。そこからいろいろな情報が得られます。それでも虐待の疑いのあるものは、専門機関に相談、速やかな連携をしていきます。虐待防止に向けた学校としての役割を認識しておきましょう。

# Point

ポイント

1

## 「児童虐待」についての認識をもとう。

2

## 気づきのポイントでチェックしてみよう。

3

## 保護者とまずは面談を。

4

## 学校全体で見守ろう。

5

## 専門機関との連携を。

児童虐待防止は、
担任の気づきの目が大きな
分かれ目となります。

# 8 親同士のトラブル

**子どものことならともかく親同士のトラブルとなると、間に入るのは気が重いものです。相談を受けたものの、親同士のことだからと見て見ぬふりをするうちにやがて噂が耳に入り、お互いがいやな思いを…。**

## ●大人の喧嘩に口を出すなんて･･･？

1

幼なじみや親同士がなかよしといったケースで、トラブルは起きやすいものです。

2

一方の保護者から訴えられたこんな時、「はい」とも言えず、困ったものです。

3

先生自身はたいしたトラブルとは思えないようです。

4

実際に子どもたちに声をかけてみると、当の子ども同士は結構何でもなかったりして…。

こんな中途半端な対応で大丈夫なのかしら･･･。

1

もう一方の保護者がその話を聞いて憤慨するのも、もっともかもしれません。先生はしょんぼりと謝ります。

2

たしかに親同士のトラブル、中に入るのは気が重いものです。

3

顔の見えないところで、あれこれ言っても解決しません。当事者双方を呼んで話し合いの機会をもつことも有効。

4

やはり顔を見ながら話をすることが、トラブル解決の早道でしょう。

5

「どうぞ学校にいらしてください、一緒にお話ししましょう」と広く受け入れる姿勢をもつことが大切です。

**どうぞ何でも相談してください、と普段から広く受け入れる姿勢がトラブルを大きくしない秘訣です。**

# How?

## ◎ありがちなのは・・・

保護者とのかかわりは、担任にとって大きな仕事のひとつです。ましてやトラブルとなると、なるべくだったら避けたいと思うのが人情。子どものようすを見て、たいしたことがないと判断した場合、当たり障りのない対応をしてしまいがちです。

## ◎見過ごしがちな点は・・・

保護者対応においても、担任の仕事で大切なポイントは、すぐに対応することです。後にのばしてはいけません。自分本位に解釈することもいけません。「たいしたことない、大丈夫だ」と判断しても、当人にとっては夜も眠れないほどの大問題ということもあります。

## ◎どうすればよいか・・・

親同士のトラブルで、客観的に意見を述べて話し合いを調整できるのは、担任だけです。顔を合わせて話してみると、たいしたことではなかったという場合が案外多いものです。ふだんから、心配なことがあったらいつでもどうぞと、相談を広く受け入れる姿勢が大切です。また、そんな担任の心の広さが、問題を深刻にしないことにもつながるのです。

# Point ポイント

1
**問題（相談）を後回しにしない。**

2
**自分の感覚で勝手に判断しない。**

3
**トラブルは、会って話をすること。**

4
**担任こそがたよりです。**

5
**いつでもどうぞの相談体制を。**

担任の先生の受け入れの姿勢が、
保護者に安心感を与えます。

# 9 思いを伝える学級通信

**担任の思いばかりが先行し、力んだ感じの学級通信。学級をよくしたいと思うあまり、小言ばかりの学級通信。保護者が本当に知りたいのは、子どもたちの活動のようすです。**

## ●がんばって作れば思いは届く…？

ウチの子の先生、学級通信を出してくれるのよ
熱血型
だけど、先生のやる気ばかり満々って感じで・・・・
メラメラ
フンフン
課題報告型
ウチの場合は、やれ忘れ物が多い、算数ができないって・・・
私が「ゴメンナサイ」って
謝っちゃう
ヒラメキ型
ウチは、子供の写真やコメントをのせてくれるんだけど・・・
うちの子なんか一度ものらないのよ
がっかり

1

学級通信は子どものようすを保護者に伝えるよい手段です。

2

先生の熱い思いを保護者に伝えたい、熱血型学級通信。でも、どう受け取られているのでしょう。

3

クラスの課題を保護者に理解して協力してもらいたいと願う、課題報告型学級通信。つい小言ばかりになってしまいます。

4

子どものようすを生で伝えるのはよいのですが、計画性のないヒラメキ型学級通信。しかし、自分の子が載っていなければ興味は半減（以下）。

こんな話を聞くと、学級通信って難しいことがわかります。
どんなところがポイントか考えてみましょう。

1

保護者が一番知りたいのは、子どもの活動のようすです。写真なども取り入れて、日常のようすを伝えられるといいですね。

2

子どものコメントを載せるときも、載る子に偏りが出ることは避けるべきです。

3

家庭で話題にできるような題材を選びましょう。その中で学級の課題となっていることを伝えることも大切です。

4

１年間無理なく書き続けられるには、Ａ４紙１枚くらいが適当でしょうか。コンスタントに書くことも大切です。

5

書き続けることで、子どもを見る目も変わってきます。がんばりを認めてあげる担任としての目が育ってきます。

**子どもたちの活動のようすを伝えながら、
さりげなく担任の思いや願いを盛り込んでいけるといいですね。**

# How?

## ◎ありがちなのは・・・

担任の思い入れが強く子どもが見えない学級通信。家庭や子どもに注文ばかりの学級通信。忘れたころに１枚、という学級通信。なんだかいつも同じ子ばかり載っているなという感じの学級通信。出すことに意義があると考えがちですが、これでは意味がありません。

## ◎見過ごしがちな点は・・・

どんな目的で学級通信を出すのですか？　目的があいまい、見失っている、これは学級通信に限らず、いろいろな場面でいえることです。学級通信は、家庭と学校のかけ橋、学級通信で保護者とコミュニケーションする気持ちを常にもちましょう。学級通信といえども、学校からの通信です。管理職に目を通してもらっていますか？

## ◎どうすればよいか・・・

伝えたいこと、伝えることでどうなってほしいのか、自分の中で整理して発行しましょう。客観的な目で読み返してみることが必要です。子どもたちの生き生きとした学校生活のようす、担任の願い、家庭で話題にしてほしいことなどをわかりやすく伝えることによって、保護者の大きな理解・協力を得ることにつながります。

# Point

ポイント

1
**子どもの活動のようすを伝えよう。**

2
**タイムリーな話題を計画的に。**

3
**デジカメ写真の活用が効果大。**

4
**コンスタントに続けよう。**

5
**管理職のチェックを必ず受けよう。**



学級通信は、学校と家庭をつなぐかけ橋。
子どものようすをいきいきと伝える、
効果的な活用を！

10

# 心配性の保護者

長電話、頻繁な連絡帳…いますよね、自分の子を必要以上に心配する保護者。またかぁと思うこともありますが、多かれ少なかれ子どもを心配するのが親心です。

## ●安心してね、お母さん。

1

忙しいときに、保護者から、たいして心配とも思えないような電話。ありがちですね。

2

たしかにそういうことはないはずなのに、納得しない保護者。いつの間にか長電話に。

3

いますよね。心配性のお母さん。些細なことも気になってしかたがないのでしょう。

4

電話かと思ったら、次は連絡帳。返事を書くのにも気を遣います。

5

身の回りの材料を使った工作。意図をしっかり伝えずに家庭任せにすると、持ってくる子とこない子の差が出ます。

6

こんなとき、保護者の協力度がわかりますが、何もかも手を出してしまうという親も考えものです。

家庭によって子どもへの対応には違いが。心配性の保護者には、学校に来て直接ようすを見てもらうなどの方法もあります。

1

ようすを伝えて安心してもらうことが一番。連絡帳でも頑張っているようすを伝えます。

2

いつもの姿、いつもの学級のようすを見ていただくことが、安心につながるのですね。

3

一度で解決するとは思えませんが、こうやって参観することによって徐々に心配がなくなっていくことでしょう。

**子どもを心配するのが親心。
その気持ちを受け止めて、安心感をもてるように、
いつの間にか子離れできるように、
気長につきあってみては？**

# How?

## ◎ありがちなのは・・・

子どもが心配なあまり、自宅にまで長々と電話をかけてきたり、頻繁に手紙で相談したりする。何でも親が手を出して、子どもの自立を妨げる。こういう保護者はよくいるタイプです。基本的に、担任に不満があるというのではなく、子どもが心配でたまらないのです。

## ◎見過ごしがちな点は・・・

一緒になって心配したり、いつも長電話につきあっていたりしては、こちらがやり切れません。保護者の話に共感し、気持ちをくむことも大切ですが、時にはきっぱりと心配のないことを伝えましょう。長電話が続くような時は、こちらにも都合があることをはっきり言ってよいと思います。

## ◎どうすればよいか・・・

基本的には、ただ子どもが心配なのです。その心配を取り除いてあげられるように、連絡帳を使ってようすを伝えたり、時には参観にきてもらったりするのがよいと思います。心配ないことを早めにわかってもらうことで、少しずつ子離れしていきます。もし、心の病いなどを感じる場合は、管理職に相談しましょう。

# Point ポイント

①
**心配を取り除いて あげることを第1に。**

②
**長電話にはつきあわない。**

③
**連絡帳等で活動のようすを伝えよう。**

④
**保護者の教室参観もOK。**

⑤
**心の病いを感じる場合は、校長に相談を。**

子どもは成長するのだということを
いろいろな手段で伝えながら
理解してもらい、安心してもらいましょう。

11

# 不登校児への対応

学級に不登校児がいると、何かと気を遣ったり悩んだりしてしまいます。とくにこれといった原因が見つからないようなときはなおさらです。

## ●その子の「今」を考える。

1

不登校の子どもを担任することは、大変労力がいります。しかし、よい勉強の機会にもなります。

2

不登校は家庭が原因という考え方もありますが、まず原因をさぐってみましょう。

3

その子どものことをしっかりと考えていることを家庭に伝えましょう。

4

対応がうまくいかない場合は、焦らずに、子ども理解や不登校対応の勉強をしながら、その子に合ったポイントを探しましょう。

5

まずは子どもへのアプローチ。心を開いてくれるかな…。

6

担任としてなんとか力になりたいと思うものですよね。

7

毎朝のお迎え、それを待っている子もいますが、逆効果に感じる子もいるのです。

一人ひとり原因も子どものようすも違うのです。
いろいろな立場の人と話をして、よりよい方法をさぐってみましょう。

1

スクールカウンセラーなど、専門家に相談してみるのもいいでしょう。

2

保護者だって悩んでいるのです。頭ごなしに否定するのもよいことではありませんね。時間をかけてじっくりと取り組みましょう。

**何かと気を遣ったり悩んだりしてしまいますが、
精一杯の対応、そして子どもの「今」を否定しないこと、
将来に希望をもたせてあげることが
大切ではないでしょうか。**

# How?

## ◎ありがちなのは・・・

不登校の子どもの担任になった時、仕方がないことと始めから諦めたり、逆にどうしても登校させせようとしゃかりきになったりするのは、どんなものでしょうか。子どものようすや今までの経緯、保護者の気持ちなど、つかんでおかなければならないことはたくさんあります。

## ◎見過ごしがちな点は・・・

担任としての自分がどうしたいかではなく、子どものようす、原因、保護者の思いなどをまず、把握した上で行動しなければいけません。前担任と引きつぎを綿密に行う、保護者と面接する、などを行った上で対応を考えなければいけません。

## ◎どうすればよいか・・・

まず本人の状況を理解すること。その上で対応策を考えていきましょう。本人や保護者との面接、前担任との引きつぎの上、校長先生に相談するなど、一人で抱え込まないことが大事です。スクールカウンセラーなどを通して、その子の居場所づくりをしてあげることも有効です。将来に希望をもてるような対応を考えましょう。

# Point
ポイント

1
## 本人と面談して、迎え入れる姿勢を示そう。

2
## 保護者と面談して、力を尽くすことを約束しよう。

3
## 校長、養護教諭、カウンセラー等とチームを組んで対応に当たろう。

4
## 将来に希望をもてるような指導を。

5
## 一人ひとりが自己肯定感をもてるような学級経営を。

保護者、管理職、専門機関と連携し、
その子にあった対応策を。
チームを組んで対応に当たります。

# 12 短い時間で効果的な個人面談

短い時間ですが、どの保護者とも話す機会としてあるのが個人面談です。15分１本勝負、話の起承転結をイメージして、メリハリのある15分に。

## ●時間が短くて言いたいことが伝わらない？

1

個人面談の予定を組むのも一仕事。
予定ができたら、次は何？

2

先生も保護者も、伝えたいことがうまく言い出せないようです。

3

行き当たりばったりでは確かにこうなってしまうかもしれません。

4

話のポイントを決めることは大事ですね。

一人ひとりと話をするとき、抽象的な言葉では、なかなか本意が通じません。具体的な場面で話をするとよいですね。

1

話したいこと、聞きたいこと、そこを押さえて整理しておくことです。

2

保護者の方でも相談したいことがあるはずです。アンケートをとって、それを元に話を進めるのもいいでしょう。

3

あっという間の15分ですが、ちょっとした工夫で大変有意義な時間となります。

4

ちょっとした工夫ですが、机をLの字にすると雰囲気が和らぎます。

5

廊下に毎回違った子どもの作品など、掲示の工夫があると、学校に来るのが楽しみになりますよ。

**伝えたいこと、聞きたいことを整理して、
次につながるような、実りある個人面談にしましょう。**

# How?

## ◎ありがちなのは・・・

個人面談の予定を組むだけで精一杯、面談の内容まで準備しきれず保護者を迎える。言いたいことが漠然としていたため、保護者の話題につられ、肝心なことを言えずに時間が過ぎ・・・後で思い返して、この話をしたかったのに、ということも。短い時間だけに、保護者の話を聞くだけで終わってしまうということもあるでしょう。

## ◎見過ごしがちな点は・・・

15分の起承転結をイメージできないと、十分な面談になりません。話の主導権が、保護者に行ってしまうこと、とりとめもない雑談になってしまうこともあります。具体的な例を挙げて話す工夫、雰囲気を和らげて話しやすくする工夫も必要です。

## ◎どうすればよいか・・・

面談の起承転結をつくります。何気ない話題から始める「起」、一番伝えたいことを伝える「承」、そして保護者の気になっているようなことを聞く「転」、最後は次の学期につながる話「結」と、15分間をメリハリのある面談にします。子どものようすを伝えるための情報収集をしておくと、具体的な中身の濃い面談になります。時間は正確に、調整時間等を入れながら計画を立てるとよいでしょう。

# Point ポイント

1

**話のポイントを整理しておこう。**

2

**情報収集をしておこう。**

3

**保護者が相談したいことをあらかじめ聞いておくことも。**

4

**話の起承転結をイメージしよう。**

5

**待っている間の廊下掲示、資料にも配慮を。**

15分間を効果的に使って、
有意義な個人面談に！

# Ⅲ 授業編

「子どもをとらえる」ということは、教師の発問や学習中の友だちの話しの中に出た言葉を、子どもがどのようにイメージして受け止めているかを察知することでもあります。

子どもの表情や仕草、つぶやきなどをしっかりととらえ、普段のようすから推し量り、今その時の子どもの心に響く一言を選び出して投げかける。それが、子どもとともによりよい学級づくりを目指す教師の大切な仕事といえるでしょう。

# 1 一問一答式の発問

**子どもに理解させたい、答えさせたいと思うあまり、好ましい答えが発せられると安心し嬉しくなって、その答えだけを大きくとりあげて授業を進めてしまう、といったことはありませんか。**

## ●答えが出ると、安心していませんか？

1

授業に先立って指導案を考えます。教えたいことや答えさせたい言葉が決まり、案がまとまって一安心。

2

授業当日。子どもたちにどう答えてほしいかが、発問にも感じられます。

3

答えのわかる子どもは元気に答えます。しかし、まだ考えている子どもやぜんぜん考えていない子どももいることには気付きません。

4

求めていた答えが出て、みんなにも確認したので安心し、すぐに次の発問に入ることにしました。

ふーん。「直角」ってものがあるのはわかったけど･･･。
でも、「直角」って、何のこと？

1

子どもが言葉を本当の意味で認識できるかどうか検討しながら、指導案を作成します。

2

単に言葉で表現すればいいのではないニュアンスの発問をするよう、心がけます。

3

言葉だけでは理解できていない子どものことを考え、さらに別の表現をさせます。

4

具体的に示す方法を与え、実感として言葉を表現する手だてを提示します。

5

子ども自身が納得しやすい言葉で表現したとき、はじめて理解したととらえるのです。

**子どもに理解させたいことにばかりに意識がいくと、答えさせたい文言をかってに子どもの反応予想として特定した指導案にして、授業を進めることになりがちです。**

# How?

## ◎ありがちなのは・・・

教師は正しい答え（ゴール）を知っています。そして、授業できちんと「知識を身につけさせたい」という思いが先行し、ついその知識を示す表現（言葉）が発表されることばかりを大切に考えてしまいます。自然と、指導案を考えるときにもゴールからその言葉へと誘導するような発問を考えてしまいます。

## ◎見過ごしがちな点は・・・

子どもたちは、言葉は知っていてもそれがどんな状態を表す言葉なのか、本当には理解できていないこともあります。しかし、教師は教室の誰かから自分の考えていた正解（言葉）が発せられれば、それで理解したこととして見過ごしてしまいがちなのです。

## ◎どうすればよいか・・・

知識を示す代表的な表現（言葉）を別の言い方や方法で示すことを工夫させ、それが何のことを示しているのか、子どもたちみんなに共通理解できるようにしましょう。さまざまな道具を使ってみることや、子どもたちから発せられる表現もくみ取るようにします。

# Point

ポイント

1

**子どもが実感できる内容か検討しよう。**

2

**一つの言葉で答えればいいと感じられない発問をしよう。**

3

**一つの答えがでたら、別の言葉で表させよう。**

4

**実感できているか具現化させよう。**



みんなが解答の意味を
実感できるような授業にしましょう。

# 2 「いいでーす」が響く授業

**だれかの発表に続いて、「いいでーす」と声が響く光景。全国の学級でルールになっているともいえそうな発表後のこの反応。でも、もっと子どもたちの考えを引き出すような学びはできないものでしょうか？**

## ●友だちが発表したら「いいでーす」がルール？

1

理科の授業。観察の結果を確かめようと、発表をさせています。

2

子どもの発表後に先生が「どうですか？」と問うと、子どもたちは「いいでーす」と呼応します。声も揃っていい反応です！？

3

花のようすだけではなく、つぼみに気付いている子もいるようです。「よしよし！」と先生も満足です。

4

楽しい観察が終了して、授業は終わりました。

みんなに合わせて「いいでーす」と言っちゃったけど、
どんなことを観察したのか、あんまり覚えてないなぁ・・・。

1

ツルレイシの花は黄色です。しかし、子どもたちの観察力を知るのですから、花のようすの細かい点まで見たことを発表させましょう。

2

細かい観察結果を出させると、子どもたちは自分との違いをしっかりと認識し、すぐに「いいでーす」とは言えなくます。

3

細かく観察結果を出し合う中で、つぼみに気づいている子を引き出すことができました。

4

子どもが見つけたことをもとに発問すると、一人ひとりが見たこと、聞いたこと、感じたことを具体的に述べ始めます。

5

一人ひとりの違いが、子どもたちの思考力も引き伸ばします。正解を出して終わらない授業は、子どもにとっても楽しい授業になります。

**友だちが発表したら「いいでーす」と応えることがルールとして掲示されていることはありませんか？　中学年にもなれば、同調をルール化してしまうのは、少し安易かもしれませんね。**

# How?

## ◎ありがちなのは･･･

友だちの発表に対する呼応の方法として、「いいでーす」と応えることが約束となっていることがあります。しかし、そのようなルール化で子どもが固定概念をもってしまい、友だちの発言に賛成、同調の意を表していることすらわからずに使っている場合が多いのです。

## ◎見過ごしがちな点は･･･

「いいでーす」と子どもたちが言った瞬間、教師は「みんなわかった」と思いがちです。わかっていてもいなくても「いいでーす」という子が大半です。「いいでーす」で、子どもの理解の把握を簡単に済ませてしまっている授業であれば、改善を図りましょう。

## ◎どうすればよいか･･･

「いいでーす」と子どもたちが言ったとき、「どういいのかな？」「あなたはどう考える？」「○○さんのどこがいいのかな？」と発問し、子どもたち同士のやりとりを生み出すようにします。本当にわかったときは、その理由を言えた瞬間です。「いいでーす」にごまかされない、子どもたちの本当の「わかる」を引き出す授業をめざしましょう。

# Point
ポイント

1
## 「いいでーす」をルールにしない。

2
## 子どもたち同士のやりとりを生む発問の工夫をしよう。

3
## 一人ひとりの違いを発言させよう。

4
## 理由を一緒に発表できるようにしよう。

5
## 本当にわかっているかどうか、常に確認の目をもとう。

「いいでーす」のご唱和は、
わからない子をわからなくします。

# 3 子どもの質問

子どもは気になることを次から次へと質問してきます。それに対して教師が一つひとつ答えていると、授業で扱う中心から話題がそれても質問を止められなくなってしまいます。

## ●次々とび出す質問に振り回されていませんか？

1

音読をさせながら、先生は感じたままに感想をつぶやいてしまいました。

2

子どもたちは感心のわくままに質問してきます。先生は、ついそれにすぐ答えてしまいます。

3

さらにその答えに対する質問が出ます。先生も補足をしなければと答えます。

4

さらに質問が続き、しだいに授業の中心からずれた問答となってしまいました。

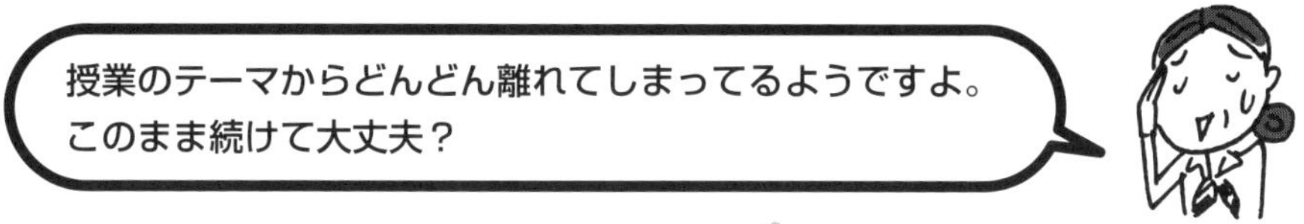

1

音読が終了してから、授業のポイントとなる発問をします。

2

子どもからの質問でも、授業の中心からずれるものには答えません。ただし、発問した子の意欲は減退させないように応答します。

3

授業の中心に話題が向けられると考えられる質問はとりあげ、さらに関連した発問へとつなげます。

4

子どものイメージを受けとめながら、次の想像を生み出す発問をします。

5

これをきっかけとして、読み深める意欲に結びつけましょう。

**子どもたちは授業の流れに関係なく、疑問に思ったこと、感じたことを質問してきます。それを上手に授業の中心へと導いていくのが教師の役目です。**

# How?

## ◎ありがちなのは・・・

子どもたちから発せられた質問であるがゆえに、教師はついそれに応じてあげようと、努力してしまいます。しかし、それを続けていくうちに授業の中心から話題がずれてしまい、授業を進めづらくしてしまうということはよくあるでしょう。

## ◎見過ごしがちな点は・・・

子どもからの質問の中でも、授業の中心に結びつくものはどれで結びつかないものはどれか、教師ならそれがわかるはずです。その判断を怠ってはいけません。また、教師自身が授業の流れに関係なく不用意に感想をつぶやいたりすることも、子どもたちに「そうしていいんだ」と思わせることにつながります。

## ◎どうすればよいか・・・

日頃から幅広い教材研究を行っておくことで、何が子どもの実感につながるかについて、いろいろな道筋を考えることができるようになります。できるだけ多くの道筋を想定しておけば、子どものさまざまな発想を生かすことができるでしょう。

# Point
ポイント

1

**何でもつぶやいてしまうのはやめよう。**

2

**中心からずれる質問は子どもに返そう。**

3

**子どもの意欲を減退させないようにしよう。**

4

**中心につながる質問は発問に転換しよう。**

5

**子どもの次の学習意欲を誘おう。**

学習の中心につながる質問をとりあげよう。

# 4 学習の見通しを立てる

子どもに学習活動を与えるとき、順番は提示しても、子どもがそれを自分のこととしてとらえたかどうか確認していないと、そのたびに何度でも質問して来てしまい、見通しを立てる力がつきません。

## ●学習の手順を子どもと確認していますか？

1

まずはやる気を引き出すことが一番と、情緒的に本づくりの意欲を高めます。

2

子どもたちに順番を意識させることなく、作業内容を指示していきます。

3

作業していいか尋ねる子どもに、その前の手順を終えたかどうかのみを聞く応答をしています。

4

先生自身は手順を把握しているために、次第に順番のみで応答するようになってしまいました。

**作業の順番がちっとも頭に入らないから、何をやればいいかのかわからないよ。**

1

はじめに順番を覚えることに着目させて、それを意識的に聞くよう指示します。

2

順番は、一つひとつ番号をつけて確認しながら手順を理解させていきます。

3

順番を再確認するために、子どもたち自身に復唱させます。

4

分からなくなった手順については、順番を意識させながら答えます。

5

質問するときには手順のどこに位置づけられるかを意識して質問するように指導します。

**作業工程を示すときには、先生自身が手順を把握しているだけでなく、子どもたちが見通しを立てる力をつけられるよう、順番を意識した指導が必要です。**

# How?

## ◎ありがちなのは・・・

これから行う作業について、順番通りには話をしたつもりでも、作業内容の単なるら列では、子どもたちは何番目に何をやるかの区別がつかなくなり、混乱してしまいがちです。

## ◎見過ごしがちな点は・・・

手順を説明するときには、一つひとつ順番に番号をつけて確認をとらないと、どんな手順で行うかが子どもにはよく理解されません。また手順を問う質問に対しても、その手順のみの説明で順番を意識させるような応答をしないと、流れがつかめないでしょう。

## ◎どうすればよいか・・・

作業手順を指導するときには、順番を確認するとともに、その内容を子どもたち自身に復唱させて意識させるとよいでしょう。また、質問が出たら、その作業内容が順番とつながるように意識しながら答えましょう。

# Point
ポイント

1

## 手順よく作業する大切さを理解させよう。

2

## 順番を番号としてとらえさせながら説明しよう。

3

## 子どもたちに手順を復唱させよう。

4

## 質問をするときも番号を使って尋ねさせるようにしよう。

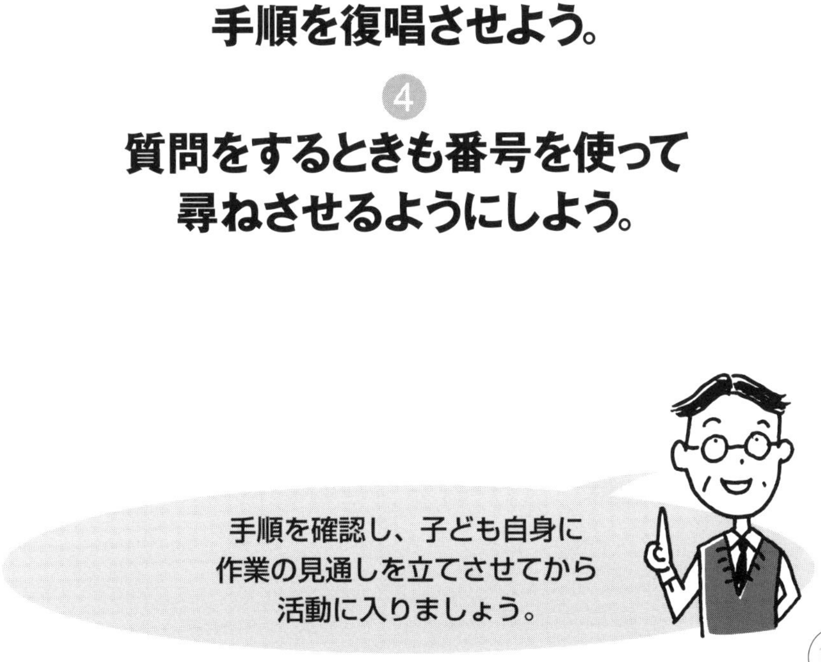
手順を確認し、子ども自身に作業の見通しを立てさせてから活動に入りましょう。

# 5 授業のゴールを示す

**なぜこのような質問をされているのだろう？　何のためにやっているのだろう･･･？　子どもたちが学習目的を感じながら学習しているでしょうか？**

## ●これ、何のためにやってるの？

1

壁新聞の優秀作品は、公民館に掲示されます。コンテストなどへの参加は、子どもたちの意欲を高めます。

2

子どもたちにわかりやすくやるべきことを指導します。取材の雰囲気を出すために、写真にも挑戦させてみます。

3

取材内容をもとに、記事を作成することを指導しています。ここで、先生の思い描く「新聞記事らしさ」を説明に入れてみました。

4

予定どおり、公民館に展示しようと提案してみましたが、なぜかみんなには理解されないようです。

コンテストに出られるなら、もっとがんばったのになー。
わかんないからおもしろい写真ばっかり撮っちゃったよ。

1

はじめに目的（ゴール）を示し、先生のめざすところ（手本）を示し、子どもたちに理解させます。

2

何を目的として授業や作業をするのか、活動全体のイメージと作業の必要感をもたせながら指導をします。

3

わからない言葉や作業内容について子どもから疑問が出たら、それについて解説することも必要です。

4

子どもたちは適応能力が高く、思った以上に力を発揮します。目的がはっきりしていれば、きちんとルールも守ります。

5

イメージをもった子どもたちは、しっかりと学習のねらいに向かった活動ができます。成果をほめてあげることも大切です。

**学習活動は、目標が見えて、目標へのアプローチの方法がわかった時に初めて主体的に取り組めるのです。子どもたちが活動に入る前に、まずは手本やモデルを示すことが大切です。**

# How?

## ◎ありがちなのは・・・

子どもに力をつけようと授業や行事に臨み、必要な活動もしっかりと計画。しかし、子どもたちが思うように活動しないと、指示や注意ばかりが多くなってイライラしがちです。このようなとき、子どもたちも何をやればよいのかわからず、活動に主体性がないまま学習が進んでいるのです。

## ◎見過ごしがちな点は・・・

授業のねらい、学習の手本やモデルを子どもに示さず、学習のイメージを教師だけがもって授業を行っていませんか。子どもたちは学習の目標と道順がわかったときに初めて主体的に取り組めるのです。学習の始めに、何をめあてにどのような学習をするのか子どもに伝えないまま取り組む場合が多く見られます。

## ◎どうすればよいか・・・

体育の跳び箱では「さあ飛びなさい」と言わず、開脚跳びや閉脚跳びの例を示すでしょう。同様に、作品づくりなどの学習でも手本となる作品を見せることによって、子どもたちは取り組みやすくなります。また、何のために、何を目指すのかというゴールを示してから学習に取り組むことで、子どもの学習意欲を引き出すことにつながります。

# Point

ポイント

1
**手本やモデルを示し、子どもに学習のゴールをイメージさせよう。**

2
**授業のねらいは一つに絞って。**

3
**授業の最初に「よーし、やろう！」という気持ちをもたせる工夫を。**

「今日の勉強は○○ができるようにしよう」と示すことで、子どもたちが「さぁ、がんばろう！」と思えるように。

# 6 できる子だけが活躍する授業

**発問に対して「わかった」と言ってくれる子どもの答えばかりを取り上げて、それが正解であることを確認しただけで次に進めてしまう…やっていませんか。**

## ●答えてくれそうな子を頼りにしていませんか?

1

教師の発問に対して間髪を入れず答える子がいます。一方で、授業に集中していない子も…。

2

すぐに手を挙げた子どもを指名して解答を求めます。

3

その子の解答が正解であれば、それに解説を加えることなくみんなに是非だけを尋ねています。

4

「ハイ」と返事があればそれで理解したものとして、次に進んでいきます。

いつもできる子ばっかりで進んでく。私はほとんど当てられないんだ。どうせ当てられてもわかんないけど･･･。

## 1

子どもの表情や態度を観察しながら、それぞれの理解度のおおよそをつかみます。

## 2

すぐに答えを求めずに、考え方に目を向けさせるような発問をします。

## 3

二つの式を見比べながら、そこから見出せる違い（法則）を模索させます。

## 4

他の例に置き換えた考え方にも、目を向けさせるようにします。

## 5

最後に答えを求め、それぞれの考え方が役に立つことを実感させましょう。

**授業で必要なのは、正答を発表させることではなく、みんながそれぞれに考えて理解しながら進んでいくことです。**

# How?

## ◎ありがちなのは・・・

答えを考えさせる授業。子どもたちそれぞれの集中度などの状態に気づかずに発表を求めてしまい、自分のこととして考えていない子もいるのに、わかる子、できる子の答えを聞いて、その内容をやり終えた気になってしまうことがあります。

## ◎見過ごしがちな点は・・・

考えていない、考えが進められない子のために時間を与えられず、他の子が正解を発表しているのを聞きながら「自分はできていないんだ」と思い込んでしまっている子がいることに気づけないということもよくあります。

## ◎どうすればよいか・・・

考えることに次第に引き込んでいけるような発問の工夫を行います。子どもが発した少しのアイデアでもとり上げながら、それが答えを求めるのにどうつながるかを見いださせ、考えることの喜びと自信につなげていきましょう。

# Point

ポイント

1
## 子どもの思考状態を観察しよう。

2
## 簡単な発見からも<br>表出できるように発問しよう。

3
## いろいろな考え方を受けとめよう。

4
## 答えは「考え方のたしかめ」<br>として求めよう。

みんなが自信をもてるような発問を
工夫してみましょう。

# 7 全員発表の授業

**全員の子どもに発言の機会がある授業。活発で子どもたちにとっても満足度が高いでしょう。でも、ちょっと待って。授業中の発表・発言には、どんな意味があるのでしょう。子どもにとってどんな効果があるのでしょう。**

## ●全員発表していれば、よい授業？

1

道徳の授業。教科の授業で発表できない子も、答えの決まっていない道徳の授業では発表できそうです。

2

テーマにした「いじめ」について、できるだけみんなの認識を発表させています。

3

子どもたちがどう思っているかも質問しました。「いじめ」をなくす方法も考えました。

4

「いじめ」はいけないということについて、全員が発表することができました。

せっかく「いじめ」を取り上げて全員発表したのに、スムーズに終わってしまったな。なんだか深まりもなかったな…。

1

子どもが「あれ？」と思う発問をしてみることが、子どもの思考を動かします。

2

じっくりと考え、その時の気持ちや行動など、具体的に思い出せるよう工夫します。

3

子どもたち一人ひとりの思いを、言葉に出させるようにします。

4

話し合ったことを元にして、具体的な行動のレベルで発表させ、お互いの考えを知り合います。

5

みんなで話し合い、考え合ったことにより、テーマについての、基本的な心構えとクラスの方針が見えてきました。

**発表のよさは、お互いの考えや思いの交流にあるのです。発言しない子も思考しています。表情が変わる瞬間や友だちの考えに頷く瞬間を見逃さず評価します。**

# How?

## ◎ありがちなのは・・・

発表することが目的化し、全員が発表するために指名制を取り入れている授業。回数をハンドサインで示し、全員が発表することが目的化している授業。先生は子どもたちが活発に発言すればよい授業だと誤解していることがあります。

## ◎見過ごしがちな点は・・・

発表で子どもの考えや思いがわかるのでしょうか？　発表しない子は、考えていないのでしょうか？　子どもの学びの見取り方を、発表にたよりすぎ、子どもたちが発言しないと不安になる先生が多いですが、子どもたちが考える時間と、考えを表現しあう時間のメリハリが大切です。

## ◎どうすればよいか・・・

発表することの必要性を子どもが感じ取り、自然と発表したくなるように導くことが大切です。自分の考えを言いたくなる、友だちの考えを聞きたくなる気持ちを起こさせるように、発問・事象提示の工夫をすることが大切です。

# Point ポイント

❶
## 子どもたちが考えを言いたくなるよう、発問に工夫をしよう。

❷
## 子どもたちが「どうして？」と思える事象提示をしよう。

❸
## 子どもの表情から、「わかる」「わからない」を見取る力を鍛えよう。



考えが広がる発問は、
「どうして○○なのでしょうか？」よりも
「どうしたら○○となるのでしょうか？」です。

# 8 「総合的な学習」の意義

**総合的な学習の時間。先生は「本でよく調べている」「大きな声で発表できた」「資料づくりが上手にできた」と子どもたちの活動をチェックしますが、それだけでいいのでしょうか。**

## ●○○ができれば「総合的な学習」なの？

1

子どもたちはそれぞれに環境問題について調べたり発表する練習をしたりと、活発に活動しています。

2

先生は一人ひとりの子どもを見回りながら、たくさんの資料を集めた努力をほめています。

3

大きな声で発表の練習をしっかり行っていることをほめていますね。ほめられることによって子どもたちはやる気をもちますね。

4

調べたことを詳しくまとめる力もついてきました。

総合的な学習は、何かができるようになるための時間だったかな？　活発な活動で満足していいのかな？

1

子どもが何を調べているのかを把握し、それに合った資料を利用しているか、学びの道筋をきちんと見ます。

2

結果の発表だけではなく、「動機」「プロセス」「結果」を表現させましょう。言葉づかいなど、国語で培った力を活かせるように助言もします。

3

成果物が乏しいからといって、学びがないわけではありません。資料を的確に選ぼうとして、十分に吟味した学習の足跡も見えるはずです。

4

メモやワークシート、成果物は一つのファイルに時系列に綴じさせておきます。

5

それぞれの「めあて」に向かって、子どもの学びの道筋（プロセス）をきちんと評価することが大切です。

**一人ひとりの学びの道筋をしっかりと記録しながら、その子が何を考え、どんな活動をし、そこから何を学んだかを評価することが大切です。**

# How?

## ◎ありがちなのは・・・

総合的な学習の時間は、子どもたちが自主的・自発的に活動をしていればよいと思っていませんか？　成果物ができあがれば成功と思っていませんか？　教科で培った力を生かしたり、課題に対するアプローチを大切にしたりしなければ、「活動あって学びなし」です。

## ◎見過ごしがちな点は・・・

課題と活動だけが計画され、育てるべき学力が明確にされないまま、授業が行われがちです。総合的な学習のねらいは、情報活用能力・課題発見力・表現力・判断力・思考力といった総合的な学力を育てるために行います。ねらいとした学力に向かって子どもたちが取り組めるようにすることが大切です。

## ◎どうすればよいか・・・

まずは子ども一人ひとりの目標は何か、それに向けて、どういうアプローチをしているのか、という点をしっかりと見ることが大切です。そして子どもの学習過程を評価するのです。一人ひとりの学びの道筋をしっかりと記録しながら、成果にいたる過程で何を学んだかを評価することが大切です。

# Point
ポイント

1
## 「総合的な学習」は、子どもの思考過程を見る時間と考えよう。

2
## 活動のようすの評価は「特別活動」で。

3
## 思考過程を評価するためには「ポートフォリオ評価」を活用しよう。

4
## 「総合的な学習」の所見では、学びの道筋が見える記述を。

「総合的な学習」では
単元のねらいを明確にして、
子どもの学びの道筋を評価しましょう。

# 9 図書室での調べ学習

**学校図書館（図書室）を使った調べ学習。最初に本を見つけた子のまわりに群がっていたり、土日には近くの公立図書館に子どもたちが殺到し、もうテーマに関係する本はすっかり貸し出し中なんてことも…。**

## ●「図書室で調べなさい」って言われても…。

1

副読本など、全員がもっている資料と図書室の資料とを併用して調べ学習を行わせれば、多様な見方考え方を育てられそうです。

2

分類、百科事典の索引の使い方など、図書室での本の調べ方、探し方は教えているでしょうか？

3

少ない資料を子どもたちが取り合うようにしている光景はよく見かけます。

4

調べたいという意欲はもっていたのに調べられず、つまらない思いをした子もいます。

**授業の前に①本を揃え、②本を利用した調べ方を教えてから、③丸写しではなく、大切な情報のみを書き写させる指導を。**

1

図書室は授業で使う本を揃える場所です。授業で利用する際は事前に蔵書を調べ、不足している場合は、計画的に購入をします。

2

公立図書館から学校へは数多くの本を１ヶ月程度貸し出す、団体貸出の制度もあります。

3

図書室の活用推進のためには、10進分類などを教えるガイダンスの授業が必要です。

4

目次の使い方、索引の使い方は、一生使える技能です。しっかりと指導してから図書室を利用させましょう。

5

色つき付箋紙を活用して、１冊の本を複数の子どもが同時に利用できるよう工夫をするとよいでしょう。

**学校図書館は授業で活用してこそ本来の目的を達成できます。調べ学習をする際には、十分な資料を用意し、子どもたちがすぐに見つけられるように準備してから授業を行います。**

# How?

## ◎ありがちなのは・・・

図書室には本があると思ったのに、意外と少ない、せっかく見つけた本が取り合いになっている。せっかく本を見つけたのに、どこに書かれているかが見つけられず、ページだけをめくっている子…。なかなか思い通りの情報を得られない子の対応に追われがちです。また、公立図書館に子どもたちがバラバラと行き、我先にと借りて迷惑がられることもあります。

## ◎見過ごしがちな点は・・・

図書室には読み物の本ばかりで調べ学習用の本が少ない、資料として古くなってしまっているものがそのまま書架に並んでいる、といったことがあります。図書室はすべての授業で活用できるように本を揃える所です。読書活動だけの場所ではありません。

## ◎どうすればよいか・・・

図書を利用する場合には、図書室で事前に利用できる本のチェックを行い、必要に応じて公立図書館からも借りておきます。子どもに適した本はできるかぎり複数用意します。また、本が足りない場合には、司書教諭や教頭先生に話し、計画的に購入をしてもらえるよう働きかけをします。

# Point
ポイント

①
**先ず、先生が「調べ学習」を行おう。**

②
**学校図書館・公立図書館で**
**事前に本を探しておこう。**

③
**本は人数分、グループ数分揃える。**
**団体貸出を有効利用しよう。**

④
**本に付箋、複数で利用など、**
**情報にたどりつきやすく支援しよう。**

⑤
**目次や索引の使い方、**
**図書室の使い方の授業を行おう。**

「本が見つからない！」は、
すべて先生の準備不足です。

# 10 パソコンでの調べ学習

**インターネットは情報の宝庫。なのに、いつまでも検索エンジンで探してばかりいる子、ひっきりなしにホームページのコピーをプリントする子、わからない漢字ばかりのホームページをにらんでいる子･･･。**

## ●「はい、パソコンで調べなさい」って言われても･･･。

1

コンピュータ教室でインターネットを利用した調べ学習。子どもたちは大好きです。

2

調べたページは、すぐにプリントアウトしたくなるものです。

3

検索エンジンは検索語が使えて初めて使えるもの。でも、適当な検索語がなかなか思いつかないことも･･･。

4

プリントアウトしたたくさんの資料。それを手当たり次第にノートに貼り、子どもは「いっぱい調べた！」と満足します。

どの子のノートも同じような資料が貼られていたけど、
みんな、本当にわかったのかな？

1

効果的に活用するためには、相応の準備が必要です。あらかじめリンク集を作成するなどの準備をします（ワープロソフト等で簡単にできます）。

2

必要な情報は編集させる。ホームページそのままのプリントアウトは極力避けます。コンピュータ室の利用ルールとしてもいいでしょう。

3

調べたことと自分のまとめを区別して記述させます。インターネットからの引用で手間が省ける分、感想や意見をしっかりと書かせます。

4

実際に調べる活動の中で利用のしかたを教えます。検索キーワード、コピー＆ペースト、著作権、肖像権･･･。情報モラル指導を欠かさずに。

5

インターネットのもつ有効性を感じ取らせ、インターネットを効果的に活用していく子どもの育成を図ります。

**プリントアウトして満足せず、しっかりと編集する技術を身につけさせましょう。また、著作権の指導や情報モラルの指導も、子どもたちの学習状況に合わせて行います。**

# How?

## ◎ありがちなのは・・・

インターネットを使った調べ学習。難しい大人用のページをプリントアウトしている子がいませんか？　いつまでもネットサーフィンをしている子どもはいませんか？　インターネットは情報の海です。泳ぎを知らずに海に入ることはありません。泳ぎ方を知らなければ、ただおぼれてしまうだけです。

## ◎見過ごしがちな点は・・・

子どもが何を調べようとしているかを把握せずに調べ学習に入る先生が多いようです。中学年では、自分が知りたいことを調べるためにどんな資料が必要なのかわかりません。それ以前に疑問点を絞ることすらできないのが現実です。

## ◎どうすればよいか・・・

インターネットを利用する場合は、先生自身が事前に、子どもにとって有効なページを探してリンク集をつくったり、教育委員会等が提供するリンクサイトを利用させたりします。さらに、専門家に直接聞くといった活動を効果的に取り入れ、インターネットのよさを生かした学習に取り組むことが重要です。

# Point
ポイント

1
## 子どもの課題にする前に、先生が「インターネットで調べ学習」を。

2
## まずは検索エンジンよりリンク集を活用しよう。

3
## プリントアウトは極力さけて、ワープロソフトで編集させよう。

4
## 著作権、情報モラル指導は、実際の活動を生かして行おう。

5
## 専門家とつないだり、ネットのよさを体感させよう。

「探せない！　見つからない！」は、
すべて先生の準備不足です。先生自身も
インターネットをもっと活用しましょう。

11

# 教科書を効果的に使う

**理科や算数、授業中にあまり教科書を見せないで授業をする光景を見ます。答えが書いてあるからそうするのでしょう。教科書を見ると学習のすべては終わってしまうのでしょうか？**

## ●教科書を見たら答がわかっちゃうから・・・？

1

自分で考える授業です。教科書をしまわせ、まずは自力で考え方を見つけられるように指導したいと考えているようです。

2

たっぷりと自分で考える時間を与えて。時間がきたら、答えが出せたか聞いてみます。

3

考える時間があったのだから、ほかにもいくつも浮かぶはず。さらにみんなに聞いてみます。

4

せっかく自由な発想を期待したのに、意見が出なくてイライラしてしまいました。

自分で考えなさいって言われても、どうやって考えたらいいのか、ちっともわかんないから、答えられないよ。

1

教科書を見ながら、答えの導き方の違いについて見比べながら考えさせるようにします。

2

択一式の回答になるので、どの子も自分の考えを言いやすくなります。

3

自分ひとりで選んだ意見を発表させたあとは、その考え方の確認のために、隣同士やグループなどで意見を交換させます。

4

教科書の考え方を元にして話し合うことにより、子どもたちの思考が広がります。

5

先生は「正解」ではなく考え方、答えの選び方の道筋を示します。

**教科書に書かれている考え方や学習のしかたについてなぜよいのかを話し合うことによって、学習のねらいに迫る子どもの思考を生み出すことができます。**

# How?

## ◎ありがちなのは・・・

教科書には考え方や実験方法などが出ています。教科書は開かず、子どもたちに考えさせようとするのですが、なかなかよい考えが出てこないので、結局教科書で確認するということも。教科書を見てしまうと学習の新鮮さを失わせてしまうと思いがちです。

## ◎見過ごしがちな点は・・・

教科書に書かれている考え方や実験方法を子どもが読んだからといって、子どもが学習内容を理解したと思うのは間違いです。表面的な理解に過ぎないことが多く、そのまま過ぎてしまうと、知識は身につきますが、思考力や判断力はもとより、学ぶ喜びや楽しさを身につけることはできません。

## ◎どうすればよいか・・・

算数の教科書には考え方の例が示されています。それをもとにそれぞれの考え方を説明することによって、子どもの理解が深まります。理科の教科書に書かれている実験方法や社会の教科書の調査方法も同じです。その考え方や学習方法がなぜよいのか、教科書を使いながら、しっかりと子どもたちに考えさせることが大切です。

## Point ポイント

①
**教科書をもとに、子どもたちに考えさせ話し合わせる授業を。**

②
**教えて考えさせる授業と、教えずに考えさせる授業を使い分けよう。**

③
**考えを説明できたときこそ、子どもが「わかった」ときと考えよう。**

答えを説明できたとき、
本当の「わかる」が生まれます。
教科書を効果的に使いましょう。

12

# 繰り返し学習

**漢字の書き取りなど、子どもたちに習得させたい内容の学習。回数だけを頼りに練習させ、その成果が見られないとさらに回数を増して、成果に導こうとしてしていませんか。**

## ●練習させたいことを絞ってスキルを与えていますか？

1

回数の指示だけで練習の宿題を出しているようです。

2

うまくいかなかったことに対し、それをどう手直ししたらいいのかの具体的な指導はありません。

3

再度回数のみの指示で宿題を出しています。

4

練習の回数さえ重ねればうまくなると考えているのでしょうか。

いったい、何回書いたらいいんだろう。
回数を多くやれば、うまくなれるのかなぁ？

1

文字を書く時に、手本と見比べながら書くことを習慣づけます（選ぶ目を培う）。

2

一番いい文字を見つけるとともに、子ども自身がその文字の欠点も見つけられるようにします（課題の発見）。

3

それぞれの「めあて」を簡潔に伝え、挑戦しやすいようにします（「めあて」の明確化）。

4

自分なりの挑戦のしかたで「めあて」を達成したことを認めます（個人努力の承認）。

5

さらに、次に向けての目標をもたせましょう（挑戦目標を見出させる）。

**回数だけが頼りの練習では、子どもたちは学習の目標がわからず、どのように努力すればいいのかわかりません。具体的な指示を与えることが大切です。**

# How?

## ◎ありがちなのは・・・

回数さえ重ねれば習熟すると考えて、何をどのようにやったらいいかという具体的な内容の指示をせずに、宿題を与えてしまうことはありませんか。それでうまくできていないと、さらに回数を増やすという指導を繰り返すなどということ、していませんか？

## ◎見過ごしがちな点は・・・

子どもたちには、何をどのようにしたらいいかの目標をはっきりもたせなければなりません。また、最終目標を達成するためにはどこを努力したらいいのかの内容を明確に示すことも必要です。回数だけを課す指導では、子どもたちのやる気も失せていきます。

## ◎どうすればよいか・・・

子どもが何をどのようにがんばったらいいか、具体的なかたちが思い浮かべられるようにし（「めあて」の明確化）、そのためにはどうがんばったらいいかの行動目標がはっきりと理解できるよう、具体的な指導をしましょう。

# Point ポイント

1

**子ども自身で足りない点が見つけられるようにしよう。**

2

**欠点を直すためにはどうしたらいいかを具体的に理解させよう。**

3

**個々の能力に合った目標をもたせよう。**

4

**目標達成に対する賞賛と次の目標の示唆を忘れずに。**

繰り返し学習では、
目標の具体的な形を意識しながら
練習させましょう。

13

# 意義ある失敗

子どもに考えさせ、話し合いの場をもたせようとするものの、その内容に制限が必要なことが多いと、結局は教師の指示のもと、方向性が定められ、結論が導き出されてしまうことになりがちです。

## ●失敗の意義まで考えて任せていますか？

1

任せにくい題材なのに、子どもたち同士で話し合わせてしまうようです。

2

子どもたちの意見が好ましくないと判断すると、それに対して条件を与えてしまいます。

3

教師の思惑に近づくよう、さらに意見を出してしまいます。

4

結局、先生の思惑どおりの案におさまるように導いてしまいました。

なんだ、結局先生の思ったとおりに決まっちゃった。
それなら最初から先生が決めてくれてもよかったよ。

1

子どもたちで決めさせたいときは、最初に任せられる題材を選んで話し合わせるようにします。

2

話し合いの途中には、特に問題のない限り、口をはさまない。

3

本当に大切にしたいポイントだけをおさえ、アドバイスします。

4

失敗しそうでも、無理に成功させるための手だてはとらないようにしましょう。

5

失敗を繰り返させないように話し合いをさせ、次へつながるアイデアをまとめさせます。

**子どもたちが自主的に考え、話し合いをする機会は大切ですが、その題材の判断は、事前に教師が。そして、いったん任せたら口出しせずに見守ることも必要です。**

# How?

## ◎ありがちなのは・・・

子どもに話し合わせるのに制限を加えなければならない内容（人権や金銭にかかわるもの等）を含むものまで与えてしまう。

## ◎見過ごしがちな点は・・・

子どもに任せるはずなのに、制限を加える発言や教師の思惑に近づけさせる意見をさしはさんでしまい、結局、教師の案におさめてしまう。

## ◎どうすればよいか・・・

結果がどのようになっても（失敗しても）かまわない内容を子どもたちに話し合わせる。失敗した場合は、次にうまくいくように再度話し合わせ新たなアイデアを出させる。

# Point ポイント

1
**任せられない題材は与えないようにしよう。**

2
**一度任せた話合いには、できるだけ意見しないように。**

3
**大切にしたいことがらだけを、おさえよう。**

4
**たとえ失敗が見えても、無理に手助けはしない。**

5
**失敗をもとに新たなアイデアを考えさせよう。**

子どもたちに任せられる題材かどうかは、
先生が前もってよく吟味しましょう。

# 14 本を揃えて読書指導

**図書室での読書の時間、子どもは大喜びです。一方、自由読書の時間は先生にとって、宿題の丸付け作業などをするよい機会・・・なんて考えていませんか？**

## ●自由な読書の時間は、何のため？

1

月に数回の読書の時間。子どもたちは図書室で本を読むことが大好きです。喜んで図書室に向かいます。

2

子どもたちの自由に任せるために、基本的な注意点だけを指導します。

3

子どもたちが本を読み始めたら事務仕事をしようと気をとられ・・・。本を探せていない子にだけ注意をしています。

4

読書の時間が終わり、どんな本を読んだのかを確認しました。みんないろいろな本を読んでいると安心して、教室に戻りました。

こんな読書指導では、子どもたちの読書力が向上するとは思えないですね・・・。

1

テーマをもった読書は子どもと本のつながりを深めます。作家・シリーズ・伝記・動植物など、テーマを絞ります。

2

先生も何冊か読んで、ブックトークをします。図書館指導員や保護者の方にも協力してもらってもよいでしょう。

3

たとえば斉藤洋さんは中学年の子どもに人気の作家です。「ずっこけシリーズ」などもよいでしょう。テーマにそった本をたくさん用意します。

4

読み始めた１冊は最後まで読みきらせませましょう。中学年の頃の本を読みきる体験は、後の読書力につながります。

5

休み時間にも本の話をするようになり、友だちの読んだ本を紹介してもらい、さらに幅広い読書につながります。

**活字離れが心配されますが、子どもは本が好きです。**
**そして、本との出会いには旬があります。**
**発達に合わせた本を読める環境をつくりましょう。**

# How?

## ◎ありがちなのは・・・

自由に本を選ばせて読書をさせると、なかなか本が決まらずにいつまでも探している子、写真や絵ばかりの本を見ている子、先に見つけた子のところに集まる子・・・。一方先生は、子どもたちが静かにしていることにより安心して、ノートを見たりテストの採点をしたり、なんてことも。

## ◎見過ごしがちな点は・・・

読書指導にもねらいがあります。たとえば体育の時間に「ドッジボールでも鉄棒でも好きな運動をしなさい」とは言いませんね。「読みたい本を読む」は、ねらいになっていません。子どもたちがねらいに迫る読書活動を考えましょう。

## ◎どうすればよいか・・・

テーマを決めたり、同じ作家やシリーズの本を読んだり、子どもたちの読書傾向を把握しながら読書の時間のねらいを決めます。図書室の本から選びだして揃えておくと、子どもたちも探しやすくなります。本の数が少ない場合は、公立図書館から団体貸出を受けたり、他校から借りたりすることもひとつの方法です。

# Point
ポイント

1
**読書指導は1人1冊以上の本を揃えて。**

2
**テーマのある読書をさせよう。**

3
**ブックトークをしてから読ませよう。**

4
**子どもたち同士の本の情報交換が幅広い読書につながる。**



テーマをもって読ませると、読書は広がります。また、多様な領域の本を読むことが読解力を向上させるのです。

◎執筆者

**●相原貴史**（大妻女子大学非常勤講師）

国語教育実践理論研究会、日本国語教育学会（理事）、日本教育工学会、日本教師学学会、全国大学国語教育学会会員
お茶の水女子大学附属小学校教諭として20年間のキャリアを持ち、子どもたちの対話から学びを育むことをテーマに、教育実践を鋭くも優しい目で見つめます。毎年の全国公開授業の実践ポイントを公開します。
授業編でお会いしましょう。

**●梅津健志**（千葉県柏市教育委員会指導課指導主事）

国語教育実践理論研究会、日本国語教育学会、日本教育工学会、日本教師学学会会員
子どもたちの表情に「わかる」を見つけ、授業のよさを語ります。先生一人ひとりの願いを実現させる授業サポートに定評があります。予算取りも得意な、指導主事らしからぬ指導主事。
授業編でお会いします。

**●笹間ひろみ**（千葉県柏市立増尾西小学校教諭）

国語教育実践理論研究会、日本国語教育学会、日本教育工学会、日本教師学学会会員
どんな子どもたちでも学びに導く、実力派。チョーク一本でもOK、ICTを活用してもOK、授業の工夫で子どもたちに学力を育みます。定評のある学級通信で保護者の信頼もばっちり。
保護者対応編でお会いします。

**●中川恵子**（千葉県野田市立尾崎小学校教諭）

国語教育実践理論研究会会員
子どもに注ぐ温かい眼差しに、子どもたちが引き込まれます。北風と太陽、太陽の暖かさは子どもの心をひらき、学級の一体感をかもしだします。季節に敏感な一言が、子どもの情緒を育てる。
日常編でお会いします。

ポイントアドバイス　学級づくりのきほん

2007年３月31日　初版印刷
2007年４月６日　初版発行

著者　相原貴史　梅津健志　笹間ひろみ　中川恵子

発行者 ―――― 光行淳子
発行所 ―――― 学陽書房
〒102-0072　東京都千代田区飯田橋1-9-3
営業　TEL 03-3261-1111　FAX 03-5211-3300
編集　TEL 03-3261-1112　FAX 03-5211-3301
振替口座　00170-4-84240
装丁 ―――― 佐藤　博
イラスト ―――― 岩田雅美
印刷・製本 ―――― 三省堂印刷

ISBN978-4-313-65176-0 C0037